JN144227

柿渋、干し柿、柿酢、柿ジャム、紅葉保存

柿づくし

濵崎貞弘 著

農文協

はじめに——私が柿渋や柿の紅葉にかかわることになった理由

魅力満載の「柿の世界」へようこそ！

……と言いながらいきなりで恐縮ですが、私は子どもの頃から柿が大嫌いでした（もちろん今は違いますよ。毎日でもおいしいと感じるほどの柿好きです）。

私の祖母と母は柿が大好きで、毎年季節になると、赤く熟れた柿をおいしく食べていましたが、子どもの頃の私は、こと果物に関しては甘酸っぱくなくては許せないところがあり、好物といえばミカンやイチゴ、それも、砂糖や練乳をかけないと酸っぱくて食べられないようなものが好きな、少し変わった子どもでした。

長じて昭和六十二年。私は奈良県に就職し、農業試験場（現農業研究開発センター）に配属されましたが、当時、奈良県がわが国有数の柿産地であることを意識したことはなく、もっぱら野菜や山菜、薬草やハーブなどを触っていました。そんな私が本格的に柿と出会ったのが、平成三年に農産加工の開発・研究に携わる係に配置替えとなり、柿が研究材料になったときでした。当時、嫌いな柿をどうしたらいいのかいろいろ考え込みましたが、普通に手がけそうな干し柿などにはいっさい目を向けず、この嫌いな柿からいかに柿らしさを排除して自分好みの「食べられるもの」にするかという、アマノジャクな考えに取り憑かれていました。当時の研究はあまり実を結ばず、つい最近まで日の目を見ることはありませんでしたが、結局、柿嫌いのおかげで私の興味は果実以外に大きく注がれ、その後、紅葉した柿の葉の長期保存技術や柿タンニンの高速抽出法の開発など、この本でも紹介している技術の開発に向かうきっかけとなりました。こうして、柿紅葉の美しさを愛で、柿渋の不思議さと驚異的な機能の数々に魅了され、柿全般の歴史文化の深淵さなどを調査、収集するうちに、本当にいつの間にか、食べる柿もすっかり好きになってしまったのでした。

というわけで、この本は全国の柿大好き！な方々にもっと柿の魅力を知っていただきたいという想いを込めて書きましたが、ひょっとしたらこのなかには、柿の嫌いな人が好きになるためのポイントがどこかに隠れているかもしれません。

柿の大好きな方はもちろん、かつての私のように柿があまり好きではない方にとっても、少しでも柿の魅力を発見するきっかけにしてもらえれば嬉しい限りです。

食べておいしいのはもちろん、衣食住、生活のあらゆる場面で役に立つ柿の魅力の一端を、どうぞお召し上がりください。

二〇一六年七月

濵崎　貞弘

写真・田中康弘（＊印は筆者）

目次

柿づくし

Part 3 柿の実――甘い柿を楽しむ

柿のココがスゴイ

絵目次

利用場面

効用（いいところ）

柿タンニンパワー

・柿渋石けんで加齢臭が防げる
・歯磨きに使うと歯や歯茎が健康になる
・うがいするとのどの調子がよくなる
・薄めて飲めば高血圧や二日酔いを防げる
・まな板や手の消毒などに使うとノロウイルスを退治できる
・麺に混ぜて練り込めばコシが強くなる
（11、16 ページ）

・やけどのときに塗るといい
・脳卒中のときに飲むといい
・蛇に噛まれたときに塗るといい
（21 ページ）

・柿渋クラフトや柿渋染めができる
（12 ページ）

・家の柱に塗ると防腐・撥水効果
（12 ページ）

※柿タンニンは甘柿にも含まれ、渋抜きした渋柿や干し柿などにも含まれるが、柿タンニンの効能が高く裏付けられているのは柿渋

・二日酔いを防ぐ
・ビタミン C が多い
・β－クリプトキサンチンに健康機能性
・カリウム、食物繊維が多い
（58 ページ）

・抗酸化力の高いカロチノイド、カリウムが生柿の 3 倍以上
・食物繊維がたくさんとれる
・干し柿の白い粉が喉の痛みを癒やす （81 ページ）

・カリウム、タンニンが豊富
・高血圧などに効果
（63 ページ）

・カフェインがないので安心
・ビタミン C が果実の 20 倍
・ポリフェノールがとれる
（85 ページ）

・寿司飯の保存性を高める
（90 ページ）

・料理に彩りを添えるつまものに使える
・紅葉柿の葉寿司 （90 ページ）

Part 1

柿の魅力は渋味にあり

——渋いはいいことだらけ

1 ほかの果物にない、柿だけの渋味

みなさんは、柿の味というと、どんなイメージが湧くでしょうか？お好みにもよるでしょうが、濃厚でとろけるようだったり、あるいはキリッとした爽快さを覚えたりするような甘味が、まずはいちばんに思い浮かぶのではないかと思います（写真1—1）。

では、次に印象深い味は何でしょう？　リンゴやミカンなら、甘味と並んで、あるいは甘味以上に酸っぱい酸味があがると思いますが、さすがに柿で酸味を感じる方はいないでしょう。では何があるかというと、柿にはもう一つ、じつに印象深い味があります。それが、渋味です。

渋味は、一部の桃やブドウなどでも感じる場合があります。特にブドウの加工品である赤ワインではワインの芳醇さを支える要素として重要視されますが、通常、渋味は嫌われる味で、だれも喜ばない、まずくて食べられない味というふうに評価されます。しかし、柿にとって、渋味は切っても切り離せません。特に渋柿の渋味は果物のなかでもダントツに強烈で、対象をすべての食品に広げても、これに匹敵するものはちょっと思いつかないでしょう。

私も含め、ある程度の年配の方なら、かつて一度くらいは樹から

写真1—1　奈良県の柿産地、吉野郡下市町の柿畑の様子。柿の甘味と渋味にふるさとや昔を思い出して懐かしさを覚える人も多い＊

もいだ柿をかじって、その渋味に悶絶した経験をお持ちの方も多いのではないでしょうか？　最近、この柿の渋味を知らないという子どもが増えていますが、人生の経験として、一度ぐらいは味わっておいてもよいのではないか、と私などは思います。

そうはいっても、ふだん、みなさんがよく見かけるお店で売られている柿で、渋味を感じるものに当たった方はあまりいないはずです。これは、後述するとおり、店で売られる渋柿は、「脱渋」という処理をして出荷されているからで、もし不幸にして渋いものに当たった場合は、脱渋処理が完全にできていなかったということになります。

じつは近年、その柿の渋味に注目が集まっています。

2　ニオイ対策、歯茎の健康、のどの痛みに……柿渋が静かな人気

みなさんは、柿渋というものをご存じでしょうか？　柿渋とは、渋柿の渋味の成分、柿タンニンを抽出して利用するもので、戦後、化学産業が急速に発展するまで、もっとも身近な天然資材のひとつとしてさまざまな用途に利用されてきました（写真1―2）。その後、人々の生活様式の変化とともに姿を消したかにみえた柿渋が、今、装いも新たに再登場し、静かなブームを呼びつつあります。

加齢臭を軽減する柿渋石けん、歯や歯茎の健康によいといわれる柿渋歯磨き（写真1―3）、のどの調子を整えるうがい水や、恐ろしいノロウイルスや細菌類に著しい効果を示す殺菌・殺ウイルス剤、高血圧予防・アンチエイジングといった健康機能性など、ほか

写真1―2　柿渋。柿の未熟果をつぶして搾った液を発酵させたもの

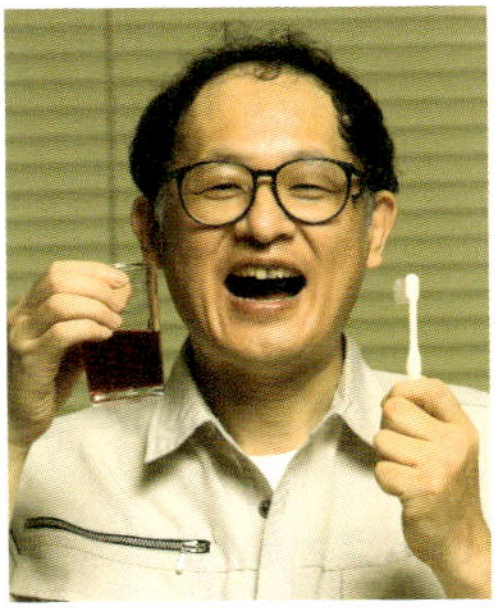

写真1―3　柿渋液と歯ブラシを持つ筆者。歯がしみるときなどにこれで歯を磨いている。虫歯や歯肉炎の予防になる

にも柿渋が秘めるさまざまな魅力が解明され、人々の暮らしに役立つ研究が各地で進められています（図1―1）。

また、柿渋を家の柱に塗ると防腐・撥水効果があるうえに、年がたつほど色が濃くなり、味わいが出ると人気が再燃しています。同じような理由から、柿渋クラフトや柿渋染めにも人気が集まっています（写真1―4）。

では、柿渋にはなぜいろいろな効果があるのでしょうか。

3 果実に含まれる柿タンニンのおかげ

柿タンニンはポリフェノールの仲間

柿の渋味の原因は、果実に含まれる柿タンニンという物質です。柿タンニンとはいったいどんなものなのでしょうか。

タンニンは、抗酸化・抗菌作用があるとして

図1―1　暮らしに役立つ柿渋

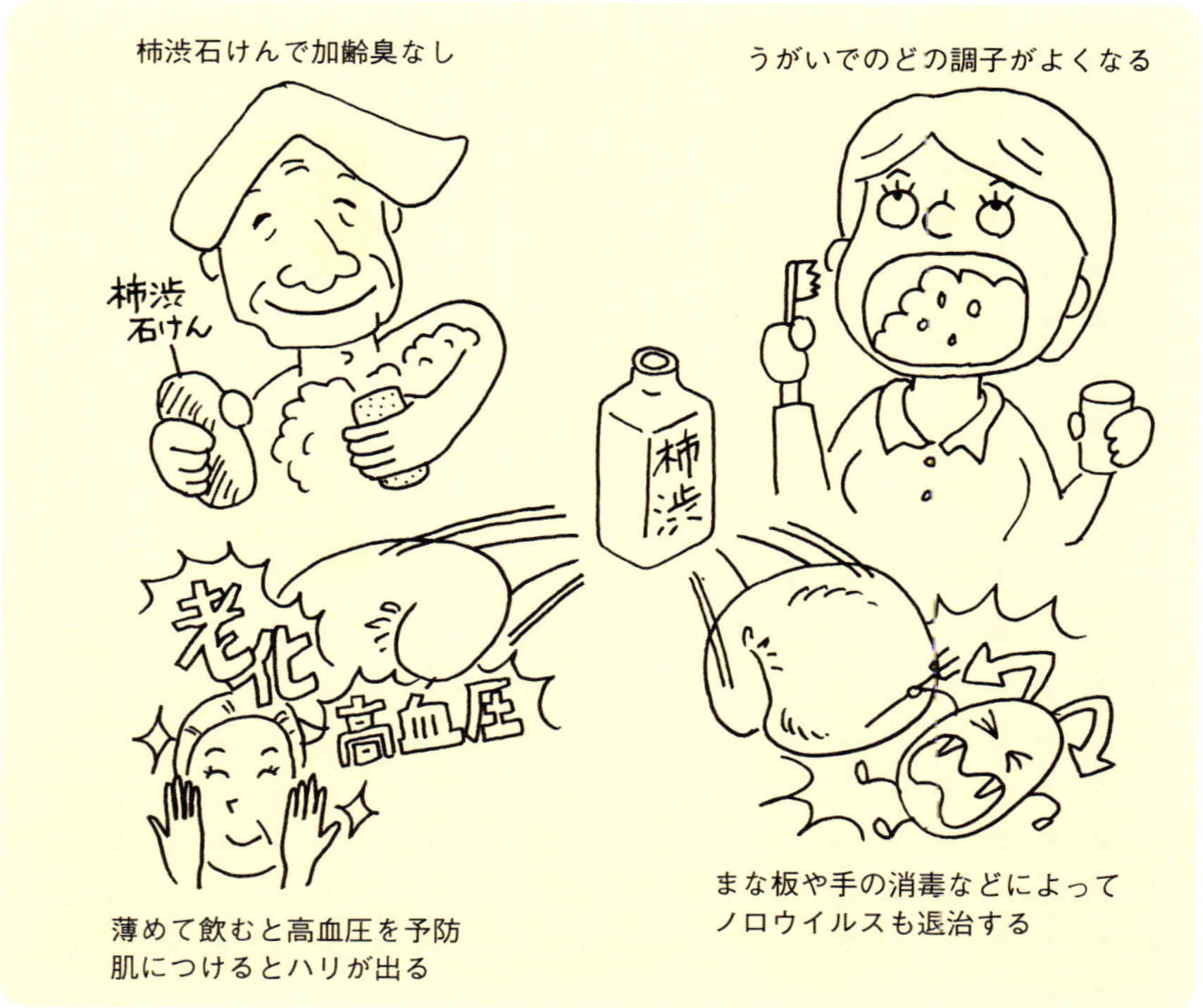
柿渋石けんで加齢臭なし
柿渋
石けん
うがいでのどの調子がよくなる
柿渋
老化
高血圧
薄めて飲むと高血圧を予防
肌につけるとハリが出る
まな板や手の消毒などによって
ノロウイルスも退治する

写真 1—4　柿渋染め。上の布は絹、
下の布は麻

*

最近よく耳にする「ポリフェノール」という物質の仲間です。たとえば、お茶のカテキン、イチゴやブルーベリー、シソなどの赤色の成分アントシアニン、ソバのルチン、大豆のイソフラボンなど、さまざまなポリフェノールが存在します。われわれ人類は、有史以来ポリフェノールの仲間を上手に利用し、生活に役立ててきました。なかでも、柿の果実に含まれる柿タンニンは、次元の違う強烈な渋さを誇ります。それは、主に柿タンニンが圧倒的に多く果実に含まれているからです。

ポリフェノールは、炭素が六個環状にくっついたフェノールという物質がつながってできたもので、その基本的な形は、三つの部品からなります。この基本骨格が複数くっついたり糖などのさまざまな部品が追加されたりすることで、千差万別なポリフェノールが生まれるのです。図1―2は、代表的なポリフェノールの茶カテキンの一種です。

では、柿タンニンはどんな形をしているでしょうか？

図1―3を見てください。たいへん複雑な図ですが、よく見ると、一つ一つのポリフェノールが、ズラズラとくっついてできているのがわかるでしょうか？　つまり、柿タンニンはポリフェノールの仲間のなかでも飛び抜けて多く合体した、巨大な分子なのです。

このような化学物質の大きさを示す単位に、分子量があります。これは、分子を構成する原子の大きさ、原子量を足し合わせたもので、たとえば水は化学式でH_2Oと表わしますが、これは水素（H）二つと酸素（O）一つでできていることを示しており、水素の原子量は一、酸素は一六ですので、水の分子量は一八、ということになります。同じようにポリフェノールのサイズを表わすと、お茶のカテキン類はおよそ三〇〇～五〇〇になります。それに対し、柿タンニンは、一万三八〇〇と、茶カテキンより数十倍も大きくなりま

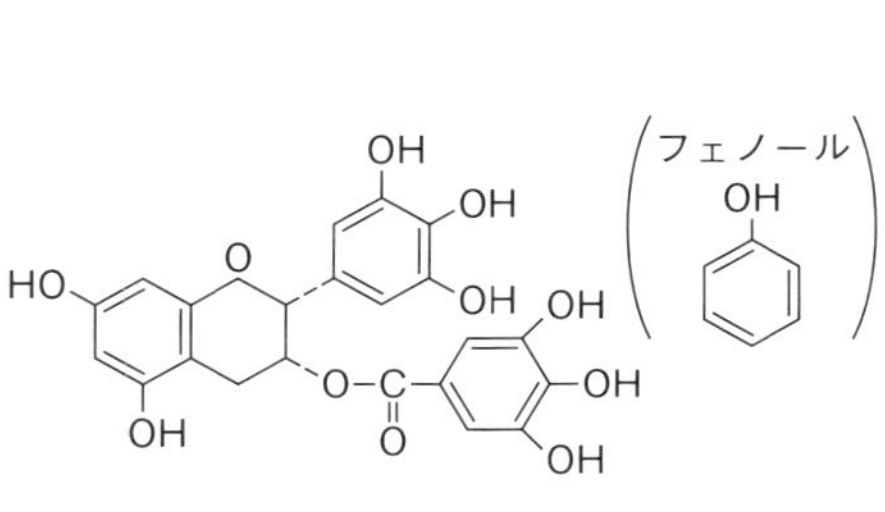

エピガロカテキンガレート

図 1―2　代表的なポリフェノール（茶カテキンの一種）

す。柿タンニンの大きさをなんとなくでもわかっていただけたでしょうか？　この巨大さが、柿タンニンに別次元の強烈な渋味を与えているともいえます。

ただ、じつはこれはまだ確定された正体ではありません。この図は、一九七七年に鹿児島大学農学部の松尾友明博士が研究によって推定されたもので、本当に柿タンニンがこのような姿と大きさを持っているかどうかは、まだ明らかになっていません。後述するよう

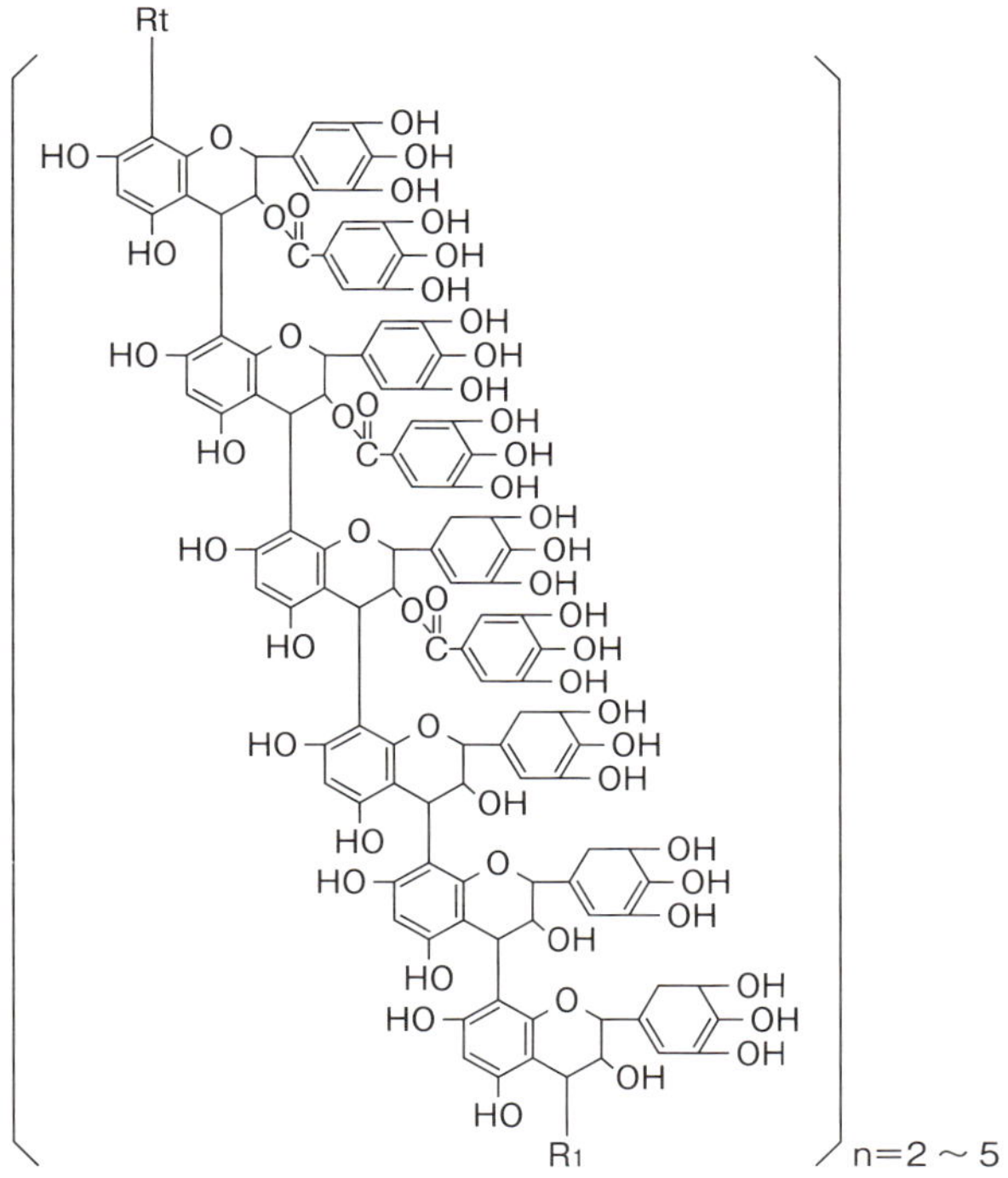

図 1—3　柿タンニンの推定構造（松尾・伊藤、1977）

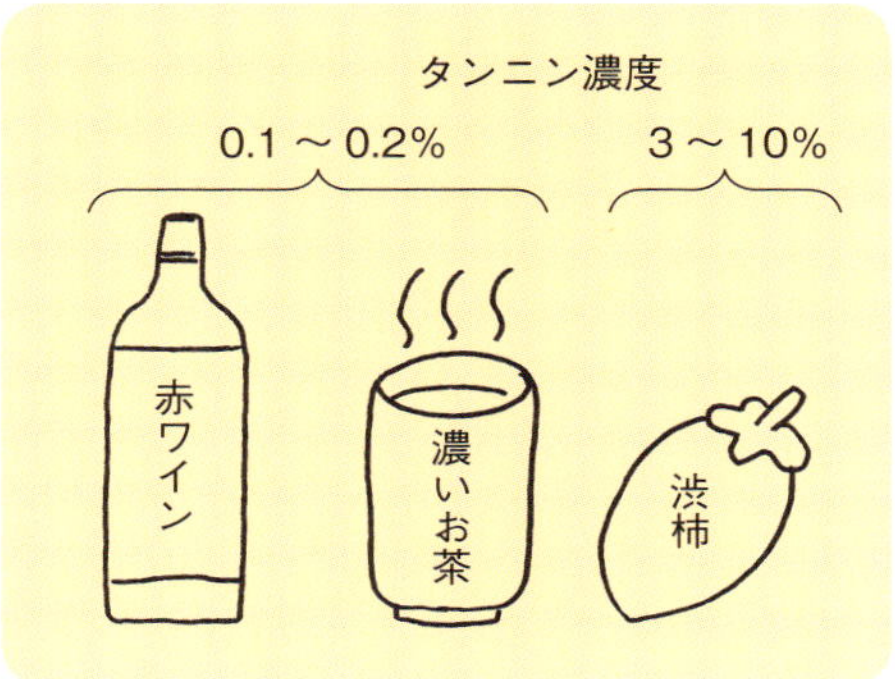

図 1—4　食品のタンニン濃度

に、柿タンニンは非常に古くから利用されてきた身近な物質であるにもかかわらず、現代の発達した化学分析でも解明しきれない、謎の物質でもあるのです。

渋柿の柿タンニン濃度は別格の多さ

そんな柿タンニンは、果実に含まれる量もまた別格の多さを誇ります。柿タンニンは、果実に約〇・一％含まれているとだいたいの人が渋いと感じますが、渋柿の柿タンニンは、少ないもので三％くらい、多いものだと一〇％にもなります。渋味が魅力の赤ワインや渋いお茶でもタンニンの濃度は〇・一～〇・二％程度ですから、渋柿の柿タンニンはトンデモない高濃度です（図1－4）。

4　柿タンニンの力とは

柿タンニンにはどんな力があるのでしょうか。これまでにわかっている柿タンニンの力をみてみましょう。

アセトアルデヒドを捕まえて離さない――二日酔いを防ぐ

柿は平安時代のわが国初の医学書『医心方』にも「酒毒を解する」と二日酔いによいことが記されていますが、この現象が柿タンニンによるものであることが島根大学で解明され、二日酔い防止サプリメントが生み出されています。お酒のアルコール（エチルアルコール）は、身体の中で二段階に分けて解毒されます。一段目が、エチルアルコールをアセトアルデヒドに変化させるもの、二段目がアセトアルデヒドを水と二酸化炭素に分解して無害化する過程で、これらを合わせてアルコール代謝と呼びます。アルコール代謝は一段目も二段目も肝臓の酵素の働きで行なわれますが、日本人に多いお酒に弱い人の大半は、この二段目のアセトアルデヒドを分解する酵素の働きが弱く、長時間アセトアルデヒドが体内に残ってしまうために、気分が悪くなったり二日酔いになったりします。

これに対し、柿タンニンは、アセトアルデヒドを捕まえて容易に離さなくする能力があり、排泄によって身体からアセトアルデヒドを除去してその影響を軽減する効果があるとされます。また、柿を食べると、豊富に含まれる食物繊維による胃腸からのアルコール吸収阻害が期待できますし、水分や糖分、ビタミンCやカリウムなど、お酒を飲むことで失われやすい栄養分を補給することもできます。

悪臭成分の分子を吸着する――ニオイを消す

生活環境の改善では、消臭効果がよく知られています。中高年男性の悩みの種である「加齢臭」をはじめ、さまざまな悪臭に対し、柿タンニンは、それらのくさい成分の分子を吸着することで、ニオイを消してしまいます。この効果を利用し、柿渋を配合した石けんや消臭スプレーが盛んに商品化されています。その効果は、接着剤や木材から出るホルムアルデヒド（ホルマリン）にもよく効くので、新築の家や新しい家具などに柿渋を塗ることであのイヤなニオイを抑えることができます（図1―5）。

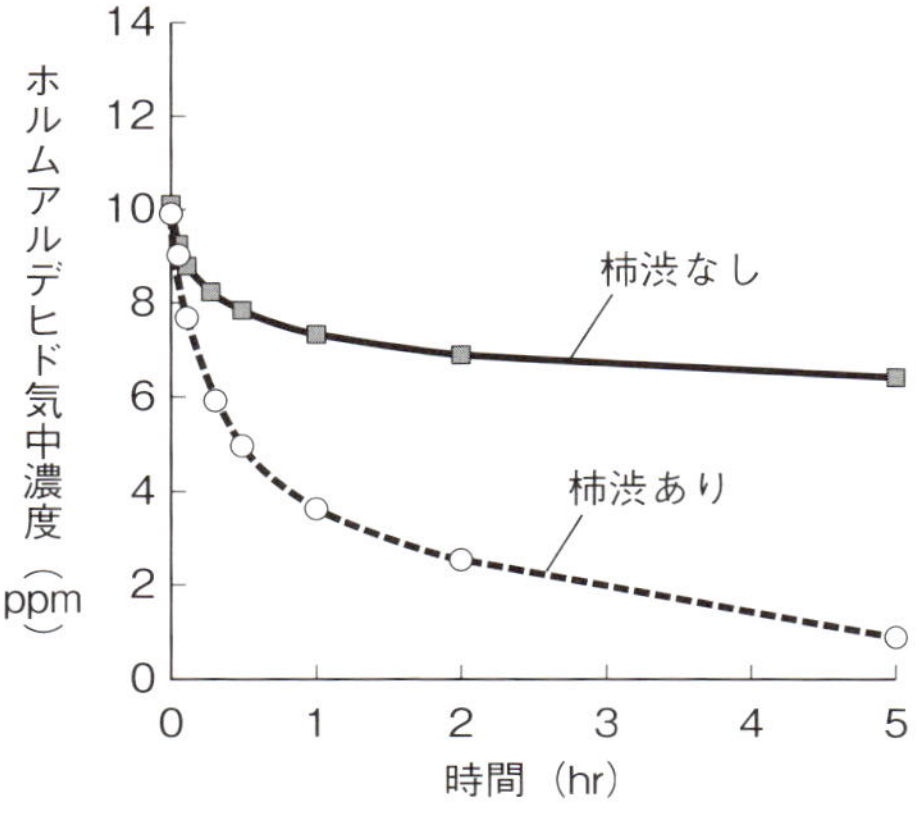

図1―5　柿渋のホルムアルデヒド吸着効果

ウイルスにくっつく――ウイルスを失活させる

また、ウイルスに対する効果も強力です。柿タンニンは、インフルエンザウイルスやノロウイルスなど、さまざまなウイルスにくっつき、その活動を抑え込んで失活させてしまいます。広島大学で、お茶をはじめさまざまな植物タンニンを用意し、多種類のウイルスに対して作用させてその効果の強弱を測定したことがあります。その結果、多くのタンニンがウイルスの種類により効果がばらつき、特にノロウイルスには効果がないものばかりでしたが、柿タンニンだけは、テストされたすべてのウイルスに強い効果を発揮することがわかりました（表1―1）。ほかにも、柿タンニンはダニなどアレルゲンになるタンパク質を吸着してしまうことがわかり、これを応用するための研究開発が続いています。

タンパク質とくっついて固まる――麺のコシが強くなる

食品添加物としてもおもしろい利用がなされています。柿タンニンが小麦粉のタンパク質とくっついて固まる性質を利用した新潟県の研究で、ラーメンの麺に柿渋を練り込むことで、独特のコシがある（茹で伸びしにくい）おいしい麺を作り上げました。このラーメンは柿ポリフェノー

プロピルガレート	ピロガロール
1.8	**5.8**
2.3	**6.2**
0.4	**5.1**
1.4	**4.2**
5.1	**6.0**
1.3	0.1
0	0.6
0	0.4
0.4	3.1
5.3	**5.3**
0.3	0.1
0.2	0.4

4以上（赤で強調）はウイルス不活化効果があることを示す。ヒトのノロウイルスは培養できないので、近縁のマウスノロウイルス、ネコカリシウイルスで代替

ル入りと銘打たれ、全国展開で販売されています（写真1―5）。

このほか、柿タンニンは高い抗酸化活性を示し、人の健康増進に役立つ可能性が高いということで期待されています。肌の張りを取り戻す「アンチエイジング」機能、高血圧や糖尿病などの生活習慣病に対する症状

写真1―5　柿渋を麺に練り込んだラーメン。茹で伸びしにくい
（新潟県農業総合研究所食品研究センター提供）

表1―1　タンニン類の抗ウイルス効果（坂口、2013）

ウイルス	柿タンニン	ワットルタンニン	コーヒータンニン	緑茶タンニン	ペンタガロイルグルコース
香港型インフルエンザ（H3N2）	5.8	5.7	0.7	5.8	4.8
鳥インフルエンザ（H5N3）	6.2	6.1	0.7	6.2	5.1
単純ヘルペスウイルス	5.1	4.1	0.6	4.2	4.2
水疱性口内炎ウイルス	4.2	3.3	0.4	4.2	3.3
センダイウイルス	6.6	6.0	0	6.2	6.1
ニューカッスル病ウイルス	5.1	5.1	0	5.1	4.2
ポリオウイルス	5.4	4.5	0.1	5.4	3.6
コクサッキーウイルス（手足口病など）	5.2	1.4	0.1	1.5	1.5
アデノウイルス（インフルエンザなど）	4.3	3.2	0.2	3.2	3.3
ロタウイルス（下痢など）	5.3	5.3	0.1	5.3	5.3
ネコカリシウイルス	4.9	4.9	0.1	4.1	3.9
マウスノロウイルス	4.3	1.6	0	1.7	0.9

改善効果が盛んに研究され、動物実験では良好な結果が出ているものがたくさんあります。また、佐賀大学では、柿タンニンが金や銀、カドミウムなどの重金属とキレート結合という化学反応を起こしてくっつく作用を応用し、重金属を回収する技術を開発しました。捕まえた重金属は簡単にはずすこともできるため、これを利用すると、たとえば、「都市鉱山」とも呼ばれる古いパソコンや携帯電話などに使われている金や銀などを、金なら金、銀なら銀を選択して回収することができます。さらに、ウランやセシウムなどの放射性物質も吸着できることがわかり、その応用技術の開発が待たれています。

5　古くから知られていた柿渋の効果

こうした柿タンニンの効果は古くから知られ、柿渋として広く活用されていました。中国原産の柿がわが国に渡来したのは奈良時代とされますが、現在さかのぼりうる柿渋の歴史は、鎌倉時代初期といわれています。柿渋は別名「柿油」「柿漆」とも呼ばれ、その用途は、木工塗料、染料、凝集剤、医薬品と多岐にわたり、特に漁業と清酒造りには欠かせないものでした（図1―6）。

樹脂状に固まって水を弾く――魚網、和傘に

柿渋の代表的な特性のひとつに、樹脂状に固まって水を弾く皮膜を形成する作用があります。そんな性質を利用して、魚網や釣り糸がまだ天然繊維で作られていた時代に、網や糸へ柿渋を塗り、繊維を強くして長持ちするようにしたり、和紙に塗って和傘や温室のビ

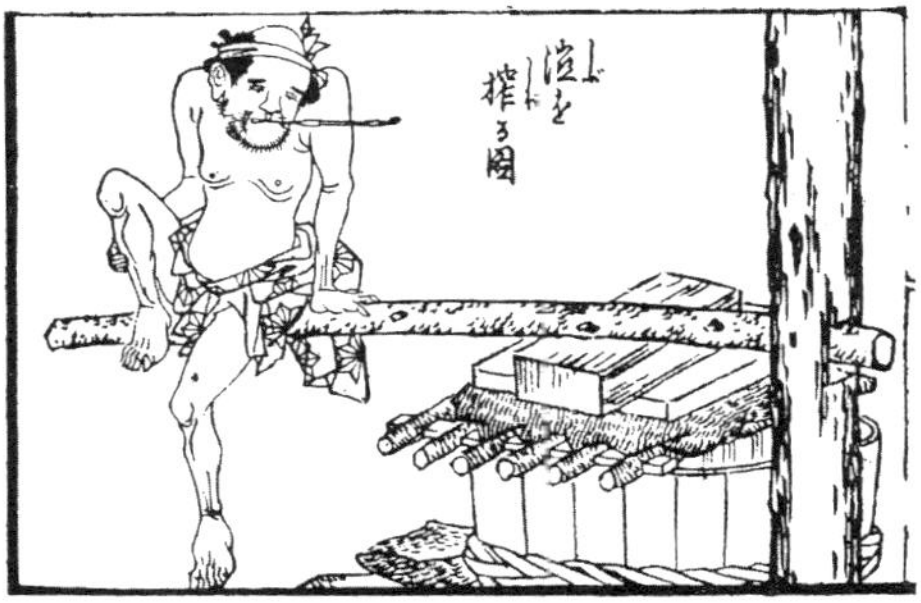

図1―6　江戸農書　大蔵永常『広益国産考』柿渋を搾る図

ニールフィルムの代わりに用いたり、竹で編んだかごに和紙を張りながら柿渋を重ね塗りし、葛籠を作るというような利用がなされてきました（写真1―6）。現在でも、麻の糸に柿渋を塗ったものを渋糸といい、タコを釣るときに使うそうです。

さまざまなものとくっつく――清酒造りに

もう一つの特性は、凝集効果です。柿渋はさまざまなものと容易にくっつく作用が知られていました。これを利用したのが清酒造りです。米を発酵させて作る日本酒は、最初、甘酒のように白濁した液体ができます。日本人は永らくそのにごり酒を飲んでいましたが、これに柿渋を入れると、濁り成分が柿渋に捕まり、凝集して沈殿します。これを濾せば透明な清酒ができあがるというわけです。そのときに用いる搾り袋にも、繊維を強化して強い圧力をかけても破れにくくするために、柿渋が塗られました。

ほかにも、漆塗りの下地に塗って高価な漆を節約したり、材木の保護のために家の柱などに塗ったりもしました。

健康関係では、「やけどのときに塗るとよい」、「脳卒中で倒れたときには盃一杯飲ませたら立ち上がる」、「蛇に噛まれたときに塗れ」、「酒の酔いがひどいときに飲め」など、外用に内服に多様な民間療法が伝わっています。

このように、柿タンニンは衣食住に密着したさまざまなところで力を発揮する「古くて新しい」多機能資材として各界から注目されています。千年の歴史を誇る柿タンニンに新たな魅力が見出される今、私は二十一世紀は柿渋の世紀になるだろうと、若干の願望も込めて予言したいと思います。

写真1―6　柿渋塗りの和傘、かご、魚網＊

渋味とは舌がなめされること

柿の渋味は、舌の粘膜のタンパク質と柿タンニンがくっついたときの感覚です。鹿革などの皮革を腐りにくくかつ柔らかくするために、古くからタンニンを用いて「鞣《なめ》し」という作業が行なわれてきましたが、渋味は、皮革と同じように舌がタンニンでなめされている状態を、ヒトが渋味と感じているもので、甘味や酸味などの、いわゆる味とはかなり違います。

その違いは、渋柿と気づかずにいきなり口に入れてしまったときによくわかります。渋柿にガブッと噛み付くと、まず真っ先に甘味を感じます。その一瞬あとに、強烈な渋味で悶絶することになるのです。これは、甘味や酸味などの味覚と渋味の感じる速さが違うからです。甘味などの場合、舌の味蕾細胞という器官が味の成分である糖や酸を感知して、神経へダイレクトに刺激を送ります。そのために、非常に素早く味として感じます。いっぽう渋味は、まず柿タンニンと粘膜が反応してから、その反応を渋味と感じることになるので、甘味などよりも少し遅れるのです。

もう一つ、渋味がいわゆる味と異なる点は、口の中全体で感じることです。味は味蕾細胞のある舌など限られた場所でしか感じられませんが、柿タンニンは粘膜ならどこででも反応するので、舌だけでなく口の中全体で感じます。もちろん、渋いのを我慢して飲み込むと、食道や胃などの消化管の粘膜でも柿タンニンがくっつく反応を起こします。ただ、お腹の中では渋味を感じる神経が発達していないので、その渋さにお腹を気持ち悪くしないですんでいるのです。

Part 2

柿渋

——圧力鍋で手軽に作ろう

いろいろな効用がわかってきて需要も増している柿渋は、柿の果実の渋味成分、柿タンニンを搾り出したものです。ただ、単純に果実をつぶして搾っただけでは、いわゆる柿渋にはなりません。後述するように、柿渋を作るには、発酵、熟成させるので、仕込んでから使えるようになるまで三年ほどかかるといわれています。これでは多くの人が作って楽しむことはできません。そこで私はもっと簡易な現代的方法を考案しました。

まずは、昔ながらの伝統的な柿渋製法から、柿渋作りの基本をみてみましょう。

1 柿渋作りの基本――伝統製法

青い渋柿をつぶして発酵させる

まず材料について。伝統製法では、昔から経験的にできるだけ柿タンニンを多く含む品種が選ばれてきました。たとえば奈良県では「法蓮坊」や「鶴の子」、京都では「天王柿」、四国では「愛宕」、ほかにも「マメガキ」や「横野」など、地方によりさまざまな品種が利用されます。これらの果実

伝統的な柿渋の作り方

2-1

2-2

2-3

2-4

が入手できるならそれでよいですが、それらが手に入らなくても、とりあえず渋柿なら、どんな品種でもよいでしょう。

また、材料には、熟する前の青い果実が必要ですので、果実を採取するのは真夏、八月から遅くとも九月初めまでに採りましょう（写真２—１）。

作り方は次のとおりです。まず収穫した果実を洗わずに手早く臼などでつぶします。少量ならジューサーでもよいでしょう（写真２—２、写真２—３）。果実をしっかりつぶしたら、それをビンなどの容器に入れ、発酵させます。柿渋業者の場合は専用の酵母を加えて発酵させますが、家庭の場合は、そのまま静置しているだけで、柿に付着している自然の酵母の働きで、じきに発酵が始まります（写真２—４、写真２—５）。容器は直射日光が当たらない、比較的温度変化の少ないような場所を選んで、一〜二週間ほど置いておきます。その後、容器の中身を比較的丈夫な布で濾して搾ります。これで、青臭いやや緑色を帯びた乳白色の液体が得られるはずです（写真２—６）。この搾り汁を別の容器に移し、じっくりと発酵・熟成させます。この過程で、柿タンニンといっしょに搾り出されてきた余分なもの（糖類など）が分解したり沈殿したりして、少しずつ

写真２—１　柿渋作りには、８月〜９月初旬の渋柿を使う。写真は刀根早生
写真２—２　柿を刃物で切る場合、鋼の包丁だと渋と金属が反応して沈着し、黒ずむので、できればステンレス包丁がいい
写真２—３　少量ならジューサーでつぶすといい。水を加える場合、２回目に足すときは１回目の搾り汁を足すと柿渋の濃度が薄まらない
写真２—４　つぶした渋柿
写真２—５　そのまま静置しておくと、左の柿汁が２週間後には右のように褐変。漬物のような発酵臭がしてくる
写真２—６　２週間静置したものを搾った柿渋液。これが時間をかけて茶褐色になっていく

除かれていきます。

業者の場合は、最初に搾った液を一番渋と呼び、さらにその搾り粕に水を加え、よく攪拌してから再度搾って二番渋を取ります。さらに水を入れて搾って三番渋を取る場合もありますし、水の代わりに前回の三番渋を使うことで、できるだけタンニン濃度の高い液を無駄なく得るように努めます。

熟成させて三年ほどで完成だが……

搾り出した柿の汁は、始めの青臭い乳白色の液体から、次第に色が茶に変化し、ニオイも柿渋独特の臭気を放ち始めます。こうして一年もたつと、渋独特の黒っぽい茶褐色の液体になってきます。これで柿渋としては一応完成ですが、業者ではさらに熟成期間を置き、だいたい三年ほどで製品として出荷されることが多いようです。

時間がかかる、くさい

このような伝統的な柿渋作りは、果実をつぶして発酵・熟成させるという、じつに簡単な方法なので、昔は業者だけでなく、農家や漁師などが、自分たちで作ることもよくありました。また、最近では、PTAやNPO法人などの地域活動の一環で柿渋作りをされる例もあります。しかし、この一見簡単な柿渋作りにも、じつはいくつかのハードルがあります。

まず大きな課題は、原料です。作り方にもあるように、柿渋は、渋柿の、八月～九月初旬に採取する未熟な果実が必要ですが、だいたいそれらは、柿渋以外にはあまり利用価値がないため老木化したり、開発のあおりなどで身近なところから失われたりしていることが多いです。いっぽうで、家庭果樹などで苗木が売られているような品種の多くは、柿タンニンの含有量が少なく、伝統製法の原料としてはあまり品質がよくありません。

もう一つの課題は、製造期間が長いということです。搾って置いておくだけとはいえ、一年から三年もの間、熟成のために寝かせておく場所が必要になります。その場所は、直射日光が当たったり、やたらと暑かったり寒かったりするような気温差が激しいところは避けねばなりません。

さらに家庭で作る場合、発生するニオイも問題です。柿渋は独特の悪臭がつきもので、柿渋業者では研究を重ね、ニオイの少なくなる酵母を見出してこれを利用することもありますが、家庭で自然発酵させる場合は、悪臭を避けることはできません。柿渋作りは楽しいものですが、自分のご家族やご近所の迷惑にならないようにする配慮は欠かせません。

2 発酵させないで二週間足らずで作る
——奈良式高速抽出技術

そこで、このような柿渋作りの課題を解決するために、各地でさまざまな取り組みがなされてきました。そのうちのひとつ、私が考案した、奈良式高速抽出法をご紹介しましょう。この方法は、柿渋作りにつきものであった発酵工程がありません。しかも、果実を採取してから最長でわずか二週間足らずで抽出してしまいます（最短で二日で可能だが、品種や条件で脱渋期間が変わる）。

刀根早生や平核無でも使える

原料は、昔ながらの柿渋用品種だけでなく、柿タンニンの含有量が少ないためにこれまで利用されなかった品種、たとえば奈良県で盛んに栽培されている「刀根早生《とねわせ》」や「平核無《ひらたねなし》」でも使うことができるうえ、できあがりの品質や効率をあまり問題にしないならば、甘柿の果実や、八月～九月以外の季節に採った果実でも柿タンニンを抽出することができます。「刀根早生」「平核無」の栽培のために摘果されたものでも使えるというわけです。

なぜそんなことが可能なのでしょうか？　それは、柿の果実が持つ「タンニン細胞」という組織に目をつけ、さらに脱渋と渋戻りの原理を応用することを思いついたからです。

脱渋で柿タンニンを固める

タンニン細胞は、柿タンニンを特異的にため込む特性があります。よく種子ができるとその種子の周りを中心に黒っぽいゴマ粒のような点々が果実の中にできることがあります。その形状から、よく「ゴマ」と呼ばれたり、これができている果実は渋味がなくて甘いことから「砂糖が入った」といわれたりすることもありますが、もちろん砂糖の塊ではなくて、その斑点の一つ一つはタンニンの塊、タンニン細胞です。柿渋は、このタンニン細胞にため込まれた柿タンニンを取り出して、利用しているわけです。

　伝統製法では、採取した果実をつぶすことでタンニン細胞を壊し、ため込まれた柿タンニンを搾り液中に搾り出します。そのため、どうしても、柿タンニンがそれ以外の成分、たとえば糖などと混ざってしまうのが避けられません。これら不純物が多く混じったものは品質が劣り、用途が限定されてしまうので、発酵・熟成によって不純物をできるだけ取り除き、純度の高い柿渋液を得るようにしているのが伝統製法です。

　でも、ここで少し考えてみると、タンニンがタンニン細胞にだけ集まるのなら、そのタンニン細胞だけを分離して集めれば、簡単に高純度の柿タンニンが得られるのではないでしょうか？　もちろん、タンニン細胞をつぶさずに回収するというかなり難しいことをやり遂げる必要があるのですが、じつは、その問題は思いのほか簡単に解決できました。

　その秘密が、脱渋です。

　脱渋とは、渋い柿を食べられるようにするため、アルコールや炭酸ガスを使って渋味を消す技術ですが、その原理は、タンニン細胞中の柿タンニンを凝固させ、果実をつぶしてもまわりに散らばらないようにタンニン細胞に閉じ込めてしまうというものです（脱渋のやり方は30、42ページ）。柿タンニンが固まって溶けてこないので、噛んでも渋味を感じず、おいしく食べることができるのです。つまり脱渋をすれば、果実をつぶしても柿タンニンが搾り液に散らばりません。こうして固まった柿タンニンごと、タンニン細胞を何らかの方法でふるい分けして集めればよいのです。

加熱による渋戻りで再び溶け出させる

　ただ、このままでは柿渋として使うことができないただの柿タンニンの塊にすぎません。そこで利用するのが、「渋戻り」です。柿のジャムを作ったりする際にやっかいな問題となる渋戻り。これは、いったん渋抜きができて渋味がなくなった果実を加熱すると再び渋くなってしまうという、柿を加工するうえではもっともやっかいな問題のひとつですが、これを応用すれば、見事！　固まったはずの柿タンニンの一部が再び水溶性に戻り、柿渋液になってくれます。

　この二つの原理の応用により、高純度のタンニンを伝統製法よりも圧倒的に早く、簡単に回収できるようになりました。しかも、タンニン細胞さえあればよいので、理論上はタンニン細胞を持つあらゆる果実、つまり柿の実ならすべての果実が、利用可能になるはず、というわけです。これが、奈良式高速抽出技術の骨子です。

奈良式高速抽出技術は産業用の特許製法であり、専用の大規模な施設が必要となるので、ここではその簡易版として、どこのご家庭にも一つくらいはある圧力鍋を用いた方法をご紹介します。

3 だれでも簡単！ 圧力鍋で柿渋作り

家庭用ミキサー、布、圧力鍋でできる

では、具体的にその方法を紹介しましょう。必要なものは、果実を粉砕するための家庭用ミキサーと丈夫な布、抽出に使う圧力鍋だけです（写真2―7）。作業のポイントを手順に沿って、みてみます。

▼品種は渋柿であれば十分

家庭で食べるために「刀根早生」や「平核無」、「甲州百目《こうしゅうひゃくめ》」、「堂上蜂屋《どうじょうはちや》」などを植えているのならそれでかまいませんし、それ以外の品種や、品種はよくわからないけれど確かに渋柿だ、というものがあれば十分です。ただ、甘柿は避けたほうが無難です。甘柿でも、真夏の果実は、品種によっては渋柿に匹敵するくらいの柿タンニンを持っていますが、代表的な「富有」では柿タンニンの濃度が薄すぎてほとんど回収できません。

▼脱渋はアルコールで

脱渋のやり方はどんな方法でもかまいませんが、あとで果実をつぶすときに、果実が軟らかくなっているほうがやりやすいので、焼酎などのアルコールで脱渋するのがよいでしょう（写真2―8）。果実一kgにエタノール二mℓが適当です。アルコールが果実の表面に付着すると、その部分が傷みやすくなる傷害が出ますが、柿渋作りでは全然問題にならないので、いちいちヘタにアルコールを浸けるような面倒なことをする必要はありません。真夏なら「刀根早生」の未熟果では二日もあればほぼ完全に脱渋し、また、ヘタがはずれて果実が軟らかくなります。それ以上置くと、軟らかくなった果実が崩れたり、カビが発生して臭気がきつくなったりするなど、あまり触りたくない状態になってしまいますが、柿タンニンの抽出には影響しません。

圧力鍋を使った柿渋の作り方

用意するもの

写真２―７　ミキサーと丈夫な布、圧力鍋。果実は、渋柿の８月～９月初旬の果実（写真は渋抜き後の果実）。家庭用ミキサーでは種子を粉砕できないので、できれば種子が少ない品種（「刀根早生」か「平核無」）を使うほうが作業がラク

柿渋作りに使った
圧力鍋は、そのあと、
普段の調理に使えます。
わざわざ柿渋専用の鍋を
買う必要はありません

１　渋を不溶化（脱渋）

写真２―８　ビニールに果実を詰め込み、果実１kgに対して35度のホワイトリカー（焼酎）およそ６mℓをふりかけた新聞紙かペーパータオルを入れ、封をする。写真の刀根早生では２日ほどで渋が抜け、ヘタがはずれ、果実が軟らかくなる（品種によっては２週間ほどかかる）

２　粉砕

写真２―９　果実からヘタをはずし、果実と同量程度の水を加え、皮ごとミキサーにかけてつぶす。種子ができる品種を使う場合は、ヘタとともに種子も取り除いておく

写真 2─10　丈夫な布をボウルなどの容器の上に敷き、粉砕のすんだ果実をミキサーから注ぐ

写真 2─12　これが搾り粕。不溶化した柿タンニンはこちらに残り、搾り汁とともに糖などの不純物が除かれる

3　搾り

写真 2─11　力を込めてよく搾る。ある程度搾ったらタオルかペーパータオルをあてがって搾ると、しっかりと搾り切ることができる

4　加熱抽出

写真 2─13　圧力鍋に搾り粕を入れ、搾り粕 50 ～ 100g に対して水 1 ℓ を加えてよくほぐし、煮込む（写真は果実 1kg で搾り粕が 200g とれたので水は 2 ℓ）。煮込み時間（蒸気が出て火を弱くしてから止めるまでの加圧時間）は 1 時間ほど

5　液の分離・保存

写真 2―14　圧力鍋が冷めたらフタを開ける。加熱による酸化で茶褐色になっている。果実 1kg でできた柿渋は約 2ℓ

柿渋液がはねて衣服に付くと、洗っても落ちないので注意！
保湿作用があるので、手はスベスベになります

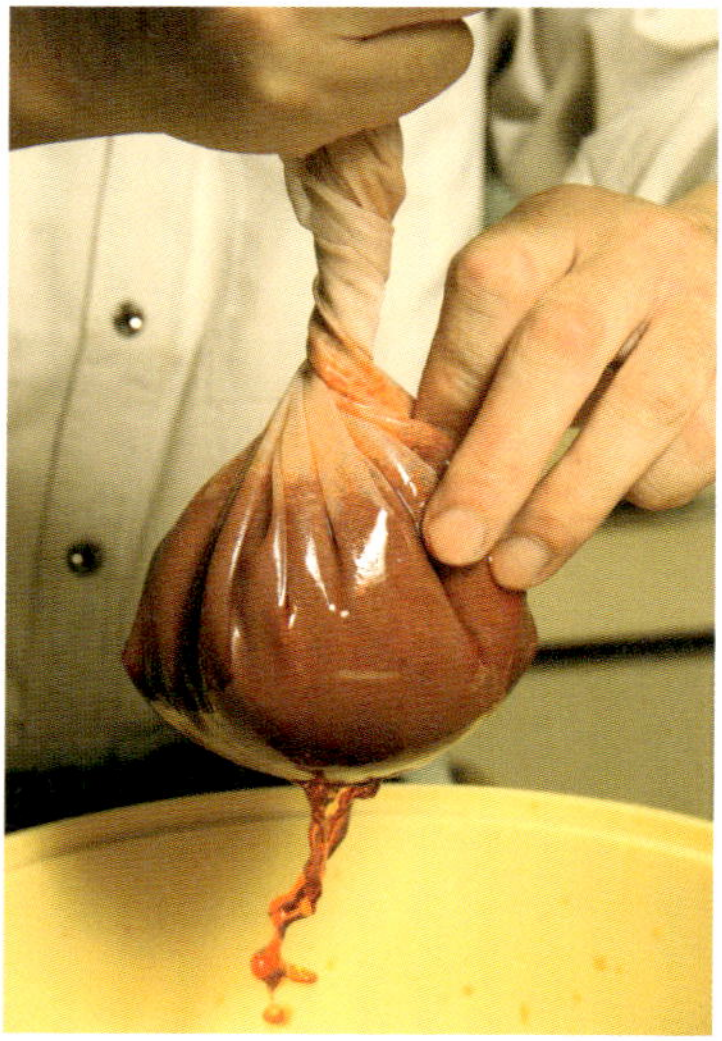

写真 2―15　柿渋液を布で濾して不純物を取り除いたら完成。このとき、力を入れすぎると、柿渋以外の不純物が混ざるので注意

写真 2―16　それでも不純物が混ざってくるので常温でおくとカビが生えて劣化する。早めに使い切るか、冷凍保存する

▼粉砕時は水を加える

果実が十分軟らかくなっていたら、そのままミキサーにかけるだけで簡単につぶれますが、果実が比較的硬かったりすると、果実だけではうまく粉々につぶれません。そこで、つぶすときには果実と同量程度の水を加えて、ミキサーのスイッチを入れてください。かなり硬い果実でも、きれいに粉々にできます（写真2－9）。また、水を加えるのは、次の「搾り」をラクにすることにもつながるので、簡単につぶれるような果実の場合でも、適宜加えておいたほうが無難です。水を加えると柿タンニン濃度が薄まってしまうのではないかと思うかもしれませんが、柿タンニンは脱渋で固められているので、濾すことで十分回収できます。

▼しっかり搾るために丈夫な布を

脱渋で固めた柿タンニンを集めるために、ミキサーでつぶした果実を布で濾しますが、このとき、しっかりと液を搾り切る必要があるので、用意する布は破れにくい丈夫なものを選んでください。私がよく使うのは、ドレス生地などで利用されるテトロンのオーガンジー（ゴース布）です（写真2－10）。ある程度搾ったら、搾り布の外側からタオルやペーパータオルなど吸水性に優れたものをあてがって、さらにしっかり水分を搾りとってください。それくらいやると、搾り粕のほうはかなりパサパサ、あるいはザラザラとした、水気が切れた状態になります（写真2－11、写真2－12）。

▼加熱は十分に温度が上がってから一時間

脱渋でいったん固めた柿タンニンを再び溶け出させるため、搾りが完了した搾り粕を集めて、水を加え、圧力鍋で煮込みますが、煮込み時間は、鍋の温度が十分に上がってから弱火で一時間程度です（写真2－13）。圧力鍋にもよりますが、加熱温度はだいたい一二〇度くらいにはなると思います。なお、圧力鍋は間違った使い方をするとたいへん危険なので、説明書をしっかり読んで、正しく使ってください。また、余った搾り粕はビニール袋に入れて冷凍しておけば、またいつでも使うことができます。

▼柿渋液は早めに使い切るか、冷凍保存

できあがる柿渋液（写真2－14）は、布で濾したら完成（写真2－15）。伝統製法に比べると純度が低く（伝統製法二～三％に対して一％弱）、注意していても糖などが多く混じってしまうので、そのまま常温でおくと、カビが生えてきたりするなど、ほんの数日で劣化してきます（写真2－

16）。できるだけ早めに使い切るか、保存するのなら、冷凍するようにしてください。

できあがった柿渋は、なめてみるとけっこう渋いことがわかります。伝統製法の柿タンニン濃度には及びませんが、イヤなニオイのない柿渋（柿タンニン）が短時間で得られます。

4 柿渋染めのやり方

半日できれいにできる

昔からの柿渋の利用方法のひとつに、柿渋染めがあります。柿渋染めの歴史は古く、『平家物語』などには柿渋染めとみられる記述があり、少なくとも鎌倉時代には、染色の材料として柿渋が使われていたことがわかっています。さらに、柿渋染めは、染めた布を丈夫にする、水を弾くなどさまざまな機能を発揮することで、人々の営みに貢献してきました。現代ではその機能を活かす機会は少なくなってしまいましたが、柿渋染めの落ち着いた美しさに魅入られた人々が、クラフト工芸などで多くの作品を生み出しています。

それらの専門技法は一口で紹介するのは難しいので、まずは入門編として、圧力鍋で作り上げた柿渋を使って半日できれいにできる、簡単な渋染めのポイントをみてみましょう。

▼染めやすい布は絹、ウール、ナイロン

柿渋は、生地の種類によって染まり方が変わります。染めやすい布は、絹、ウール、ナイロンです（写真2−17）。逆に染めにくいのは、綿、麻、ポリエステルで、これらを染めるには、特殊な装置が必要で、染色を補助する薬剤で布を前もって処理しておく必要があります。そこでここでは、簡単にできる絹を使ったやり方を紹介します（写真2−18）。

▼布の前処理その1　撥水剤を取り除いておく

市販の絹製品は、たいていの場合汚れ防止のため撥水剤処理が施されています（写真2−19）。そのために、いきなり染めようとしても柿渋が弾かれてしまい、うまく染まりません。そこで、まずは撥水剤を取り除く必要があります。必要なものは、一％の水酸化ナトリウム溶液です。ただ、一般家庭では水酸化ナトリウムは入手しにくいでしょうか

ら、その場合はマジックリンなどのアルカリ性の家庭用洗剤を使います。撥水剤をアルカリで溶かしてしまうわけです。これらは手荒れの原因になりますので、作業する際には、必ずゴム手袋をしてください（写真2―20）。

写真2―17
柿渋でさまざまな布を染めてみた。それぞれ糸を1cm幅ずつ織り、柿渋で染めた＊

準備ができたら、水酸化ナトリウム溶液を四〇度に熱し、そこに布を浸けます（温めて反応を促進させるため。以下の加熱作業も同様）。撥水剤処理されていると、この時点で液が布になかなか染み込みません。そこで、しっかり液を布にもみ込んでください（写真2―21）。さらによく撹拌しながら、三〇分温度を保ちます。三〇分たったら布を取り出し、流水でしっかり洗い流します。

▼布の前処理その２　酢で煮て白さを引き出しておく

次に、染色前処理として布を酢に浸けます（写真2―22）。酢酸は絹の白色をより美しく引き立てる効果があります。まず水一ℓに酢二㎖を混ぜ、四〇度に熱しておきます。そこに、十分水洗いをすませた布を浸けて、ゆっくりと撹拌します。処理時間は一〇分、終わったら、改めて水でよくすすぎます。

▼温かい柿渋に浸けて染色

いよいよ染色です。まず柿渋を六〇度になるよう加熱します。柿渋が十分温まったら、水洗いを終えた布をしっかり搾り、柿渋に浸けます（写真2―23）。浸けている時間は三〇分です。この間、布が水面から浮き上がったり、シ

簡単にできる柿渋染めのやり方

材料

写真 2—18
白色の絹製品（生地でも、ハンカチーフやネクタイなどの既製品でもよい）、柿渋液、1%の水酸化ナトリウム溶液（マジックリンなどのアルカリ性家庭用洗剤）、酢（米酢など普段使うもの）、ヘアコンディショナー（リンス）

写真 2—19　写真は真っ白の絹の生地

1　布の前処理その❶ 撥水剤の除去

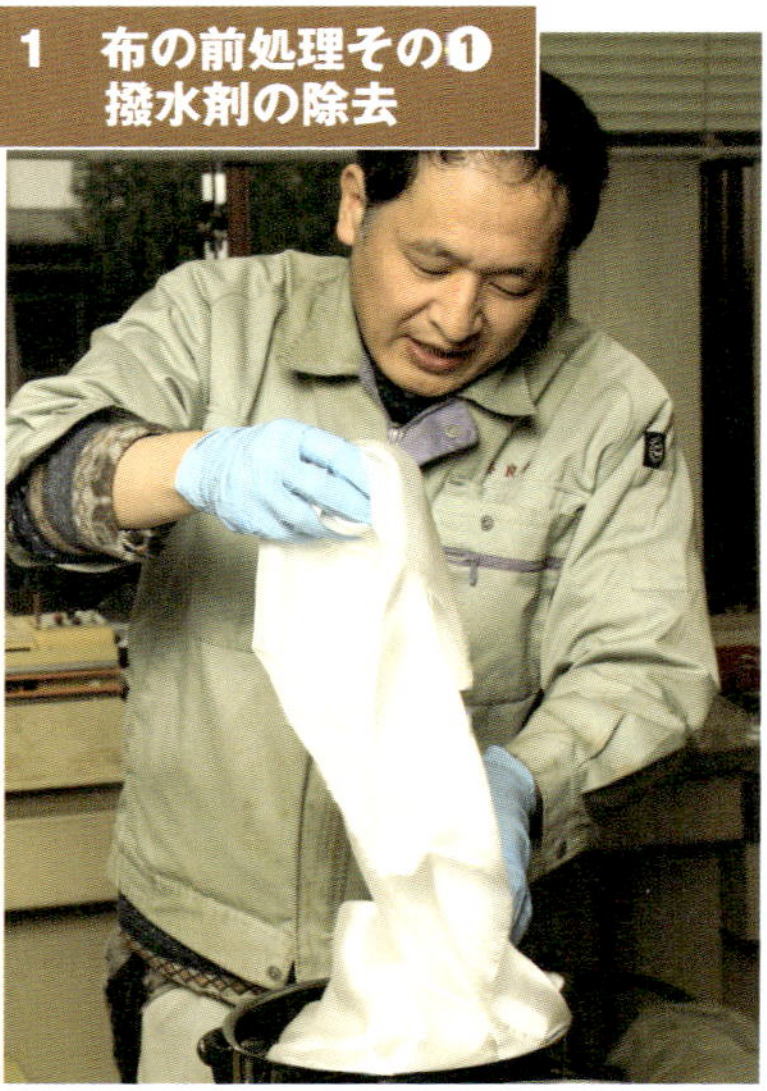

写真 2—20　水酸化ナトリウム溶液（マジックリン）を 40 度に熱し、そこに布を浸ける。アルカリ液に触れると手が荒れるのでゴム手袋をつける

写真 2—21　布が浮かないようによくかき混ぜながら、30 分浸す。布を取り出したら流水で洗い流す

2　布の前処理その❷ 酢で煮る

写真2—22　水1ℓに酢2mℓの割合で混ぜ、40度に熱し、そこに布を浸けて10分、ゆっくりと攪拌する。終わったら水でよくすすぐ

3　染色

写真2—23　柿渋を60度になるように加熱し、そこへ布を30分浸ける。布全体がまんべんなく染まるよう、よくかき混ぜる。終わったら流水でよくすすぐ

4　柔軟剤仕上げ

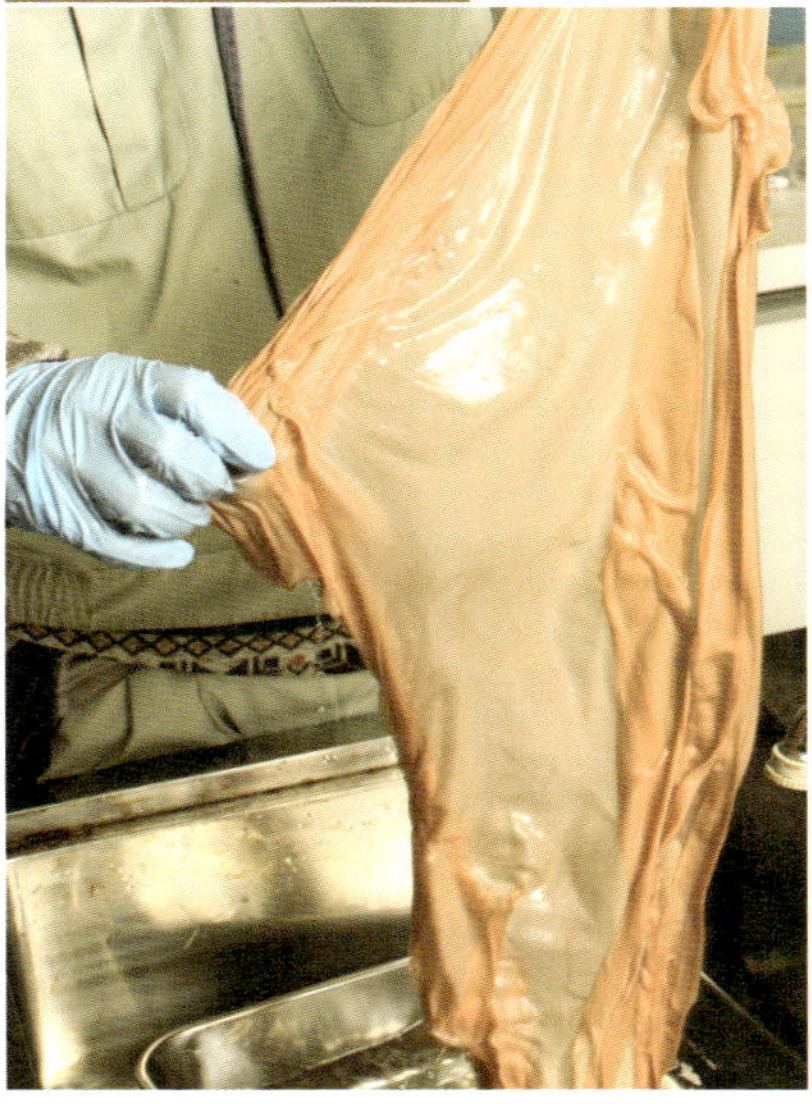

写真2—24　ヘアコンディショナー（リンス）を適当に水に溶かした中に布を浸け込み、よくもんで全体に行き渡らせたあと、よくすすぐ。乾燥させたらできあがり。色みを濃くしたければ、2度染め、3度染めするといい

ワができていたりすると染めにムラができてしまうことがあるので、布全体がまんべんなく柿渋に染まるよう、よくかき混ぜます。三〇分たったら布を引き上げ、流水で余分な柿渋をすすいで落とします。

▼柔軟剤で柔らかく仕上げる

柿渋染めは、乾くと布がゴワゴワして固くなりがちです。そこで、柔らかな肌合いになるよう柔軟剤で仕上げます。使うのは、ヘアコンディショナー（リンス）です。ヘアコンディショナーを適当に水に溶かした中に、すすぎ終わった布を軽く搾って浸け込みます。よくもんで全体に十分行き渡らせたあと、よくすすいでください（写真2―24）。

▼乾燥させてできあがり

最後に乾燥させてできあがりです（13ページ参照）。もし色みが薄く感じられるようでしたら、二度、三度と重ね染めするとよいでしょう。乾燥させ、光を当てるだけでもだんだん濃くなっていきます。何度かやってコツがつかめたら、搾りを入れて模様を作ったり、媒染剤を用いて色目を変えてみたりするのもおもしろいと思います。

柿渋を買うなら……取扱会社一覧

㈱三桝嘉七商店　1ℓ 1,500円・1,800円
京都府木津川市　TEL0774-72-0216
http://www.mimasu-kakishibu.com/index.html

㈱トミヤマ　1ℓ 1,020～1,450円
京都府相楽郡南山城村　TEL0743-93-1017
http://www.kakishibu.com/

㈱西川本店　2ℓ 2,200円
京都市伏見区　TEL075-601-1140
http://www.kakishibu.co.jp/

㈱大阪西川　500mℓ 900円～2ℓ 2,700円
大阪市淀川区　TEL06-6301-2728
http://kaki-shibu.com/company/index.html

渋新老舗　200mℓ 310円～2ℓ 4,000円
京都市中京区　TEL075-231-2021
http://www.shibushin-rouho.com/index.html

岩本亀太郎商店　300mℓ 787円～1ℓ 1,890円
京都府相楽郡和束町　TEL0774-78-2048
http://homepage1.nifty.com/LINEUP/index.html

石井物産㈱
奈良県五條市　TEL0747-34-0518
http://a-kaki.com/

※価格は変更する場合があります。詳しくはそれぞれの取扱会社に問い合わせください

▼染まりやすく、水を弾きにくい

圧力鍋で作った柿渋は、従来製法の柿渋に比べて柿タンニンの分子の大きさが小さいので、布の中に入り込みやすく染まりやすいのが特徴です。染めたあとの布がゴワゴワと固くなりにくいのも特徴です。逆に水を弾きにくいという欠点があります。

どうぞお試しください。

Part 3

柿の実

——甘い柿を楽しむ

ここまでみてきたように、柿の渋味（柿タンニン）は大きな魅力ですが、柿の実を食べたり加工したりして利用するとなると、渋味を感じないようにうまくつきあう必要があります。ここでは、渋味とうまくつきあう方法を中心に、柿の実の利用法をみていきましょう。

1 柿の甘渋

どんな柿でも、未熟なうちは、多かれ少なかれ渋味を持っています。そして、果実が成熟したときの渋味の現われ方の違いで甘柿と渋柿に分けられます。すなわち、果実が熟したときに渋味がなくなるのが甘柿、熟してからも渋いのが渋柿、ということになります。さらに甘柿と渋柿は、それぞれ完全甘柿と不完全甘柿、不完全渋柿と完全渋柿の計四つに分類されます（写真3—1〜写真3—8）。この四種類の柿の違いは、種子ができたときにタンニン細胞中の柿タンニンがどうなるか、で分かれます。

完全甘柿——樹の上で自然に脱渋

まず「完全甘柿」は、種子に関係なく、樹の上で自然に脱渋して甘くなる柿です。代表的な品種として、「富有《ふゆう》」「次郎」「太秋《たいしゅう》」「御所柿《ごしょがき》」などがあります。このグループはもともとため込むタンニンの量が少なく、タンニン細胞も非常に小さいのが特徴です。「富有」の果実を切ってその断面をよく見てみると、ケシ粒のような細かい茶色の斑点が見られます。これが富有のタンニン細胞です。

ただ、少ないといってもそこは柿ですから、「富有」でも夏の青い未熟な果実はかなり強い渋味を感じます。また、一般的に岐阜県より北では、秋の気温が低いために渋が抜けきらないことがあり（渋は温度が高いほど抜けやすい）、完全甘柿を栽培するのは難しいとされます。完全甘柿は、ごく一部の例外をのぞいてわが国特有の品種群になりますが、東南アジアから端を発してわが国に至った末にようやく現われた完全甘柿こそ、柿の進化の究極的な姿であるともいえるでしょう。

不完全甘柿——種子ができると脱渋

次に「不完全甘柿」、これも樹上で脱渋して甘くなる柿ですが、脱渋には種子が必要です。この種類の柿は、果実に種子ができると、果実全体に黒褐色の斑点「ゴマ」ができ

完全甘柿

写真 3—1　富有

写真 3—2　次郎

不完全甘柿

写真 3—3　禅寺丸

写真 3—4　筆柿

不完全渋柿

写真 3—5　甲州百目

写真 3—6　刀根早生

完全渋柿

写真 3—7　愛宕

写真 3—8　市田柿

いずれも＊

きます。この斑点の一つ一つが、渋味の成分である柿タンニンが固まったものです。逆に、種子ができなければ「ゴマ」ができず、果実は渋いままということになります。ただし、ゴマのできやすさには品種により違いがあります。種子が一、二個できれば果実全体が簡単に脱渋してしまうものもあれば、ほとんど全部、七つとか八つとか種子ができないと脱渋せず、普通は渋いほうが多い、というようなものまでいろいろです。代表的な品種には、「筆柿《ふでがき》」「西村早生」「禅寺丸《ぜんじまる》」「栃原柿」などがあります。

不完全渋柿――種子ができても渋味が残る

「不完全渋柿」は不完全甘柿とよく似ており、種子ができると同じように「ゴマ」が生じます。しかし、たくさんの種子ができてもゴマができるのは種子の周辺だけで、全体的に渋味が残ってしまうのがこの種類の特徴です。不完全渋柿の代表的な品種は、「刀根早生《とねわせ》」「平核無《ひらたねなし》」「甲州《こうしゅう》百目《ひゃくめ》」「太天《たいてん》」などがあります。

完全渋柿――樹の上で脱渋することはない

「完全渋柿」は完全甘柿の逆で、種子の有無に関係なく樹上で脱渋することはなく、ゴマもできません。代表的な品種には、「愛宕《あたご》」「西条」「会津身不知《あいづみしらず》」「三社《さんじゃ》」「市田柿《いちだがき》」「法蓮坊」など、多数あります。

数ある柿の品種のうち、だいたい六割は渋柿で、四割が甘柿です。また、甘柿のうち、完全甘柿は一割もありません。これは、甘柿になる遺伝子が劣性で、交配するとどうしても渋柿の性質のほうが強く出るためです。したがって、甘くておいしい柿の種子でも、その花粉親が渋柿や不完全甘柿だった場合には、まず確実に渋柿が生えてきます。「さるかに合戦」のカニはオニギリと引き替えに素性のわからない柿の種子を得ましたが、それでおいしい実が成ったということは、カニはすごい強運に恵まれたギャンブラーだったといえるでしょう。

2 渋抜きの方法

柿を溺れさせたり悪酔いさせたりする

そんなわけで、不完全渋柿や完全渋柿を食べるには、人の手をかけて渋抜き（脱渋）をしてやる必要があります。

渋抜きにはいくつかの方法があり、家庭で食べるために行なうごく小規模のものから、産業として行なう大規模なものまでいくつかの方法があります。

そのなかで、家庭向けによく知られているのが「湯抜き法」と「アルコール脱渋法」、産業的に大規模に行なわれているのが「炭酸ガス脱渋法」になります。いずれも、柿を溺れさせて窒息させたり、お酒を使って悪酔いさせたりして渋を抜きます。それぞれに特徴があります（図3－1）。

簡単で失敗が少ないアルコール脱渋

いちばん簡単で失敗が少なくおいしくできるのはお酒を使うアルコール脱渋です。ポイントを順に紹介しましょう。

▼果実は傷がなく、ヘタのしっかりしたものを用意

まず果実に傷などがないか、すでに軟らかくなりかけているものがないか、ヘタがしっかりしているか、を確かめましょう。軟らかくなりかけているものはもちろん、果実に傷がついているとそこから軟化してくることがありますし、柿の呼吸器官であるヘタがちぎれていたりすると、アルコールの吸収が弱まってうまく脱渋できない場合が出てくることもあります。また、通常大きい果実のほうが渋抜

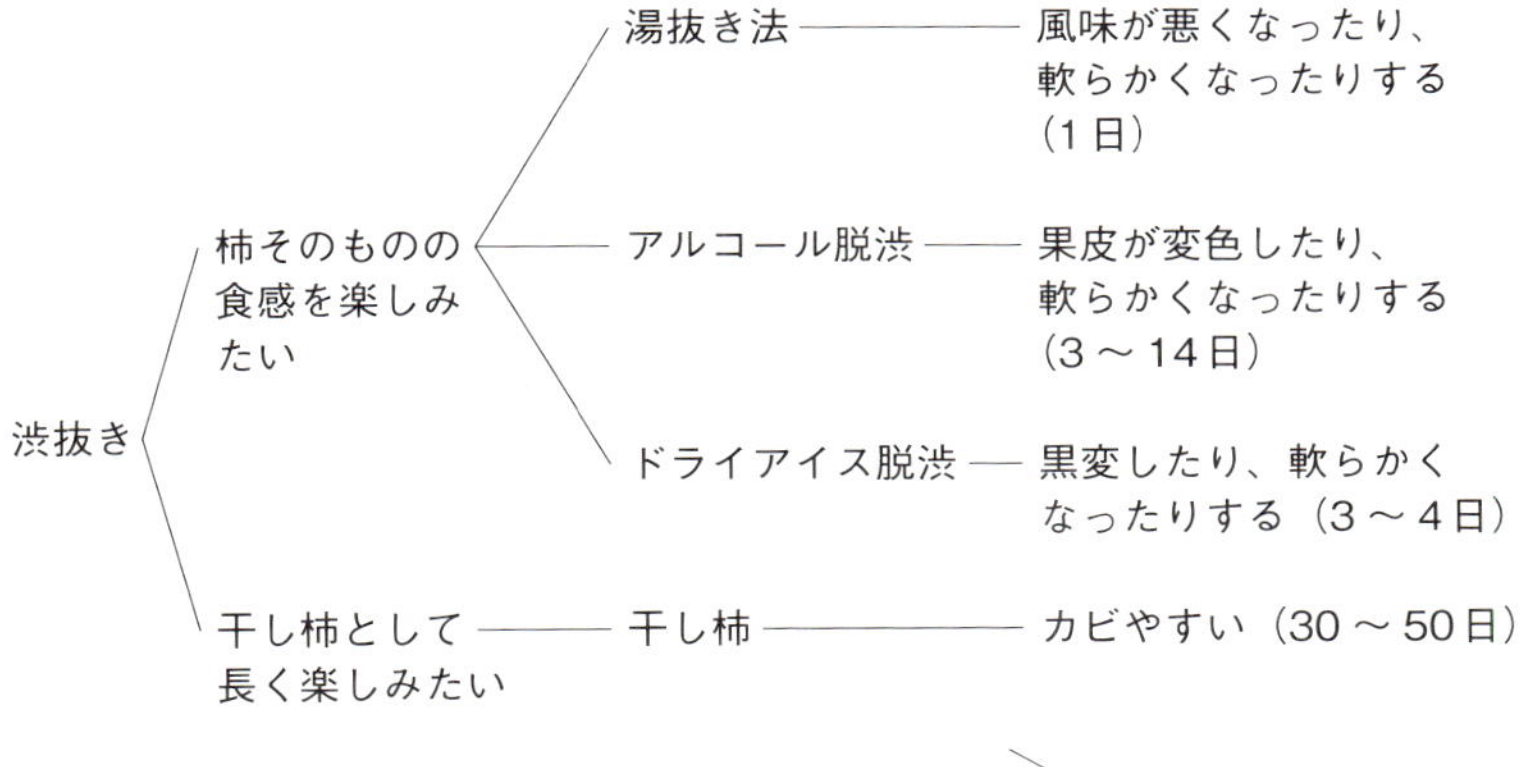
渋抜き
柿そのものの食感を楽しみたい
干し柿として長く楽しみたい
湯抜き法
風味が悪くなったり、軟らかくなったりする（1日）
アルコール脱渋
果皮が変色したり、軟らかくなったりする（3～14日）
ドライアイス脱渋
黒変したり、軟らかくなったりする（3～4日）
干し柿
カビやすい（30～50日）

どれもスゴイ！

図3―1　渋抜きの方法と欠点、処理日数の目安

けがよいので、あまり大きさの違う果実を混ぜて渋抜きするのは避けたほうがよいです。それと品種によっても抜けやすさは違うので、たくさん品種があって面倒だから、と一度に渋抜きするようなことは避けてください。

▼アルコールは焼酎がより確実

アルコールはお酒を使いましょう。消毒用アルコールなど、食用でないものは絶対に使ってはいけません。これらには、アルコールの種類が違ったり効果を高めるための薬品が添加されていたりすることもありますので、食べものには使えません。なお、お酒はなるべく度数の高いものを選びます。日本酒でもできないことはありませんが、蒸留酒の焼酎のほうがより確実です。また、ブランデーなどの洋酒を用いると、独特のまろやかな風味が付いてよりおいしく食べられる場合があります。お酒の好きな方は、いろいろ好みのお酒で渋抜きしてみるのもおもしろいでしょう。

▼ビニール袋は余裕のある大きさのものを

果実がアルコールに触れると、その部分がアルコールに負け、変色したり軟化したりすることがあります。そこで、アルコールを染み込ませたキッチンペーパーが果実に触れないように少し離して入れておくか、アルコールを染み込ませたキッチンペーパーを新しいキッチンペーパーでくるんでおく必要があります。よって柿を入れるビニール袋は、果実を入れても十分に余裕のある大きさのものが必要です。

▼密封することでヘタからアルコールを吸わせる

果実は、主にヘタから気体としてアルコールを吸収します。ビニール袋をしっかり密封すれば、袋の中は蒸発したアルコールでいっぱいになるので、果実はそれをヘタから吸い込むわけです。したがってビニール袋は穴など開いていない丈夫なものを用意してください。口はしっかり封ができるように、輪ゴムで縛るか、梱包用の接着テープを使ってもよいでしょう。

▼渋抜きした柿を長持ちさせるには？

渋抜きした柿はどうしても傷みが早く、すぐ軟らかくなりますが、ヘタから果実内部の水分が抜けてしまわないようにヘタのところを濡らして冷蔵庫にしまっておけば、少しは長持ちします。ただし、冷蔵庫の中でリンゴやキウイなどといっしょにすると、それらが出すエチレンで軟化がグッと進んでしまいますので注意しましょう。

具体的なやり方は図3－2のとおり。

図 3―2　アルコール脱渋のやり方

用意するもの

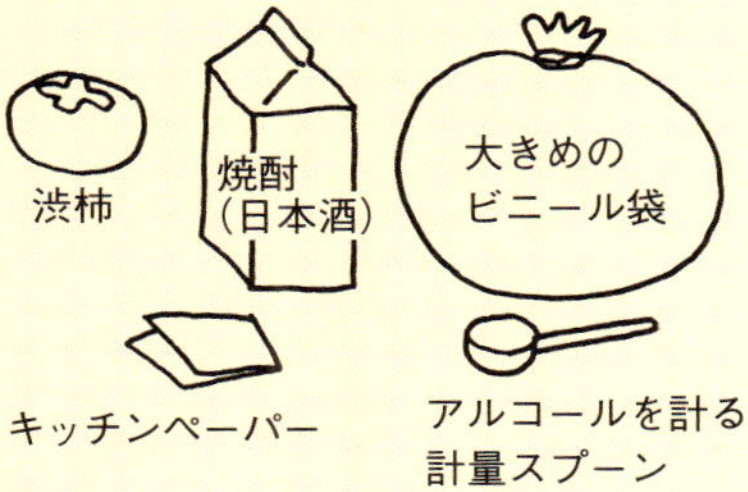

1

果実をビニール袋に入れる。あまりゴツゴツ当てたりしないようていねいに。果実は重なってもよい

2

折りたたんだキッチンペーパーを袋に入れる。

3

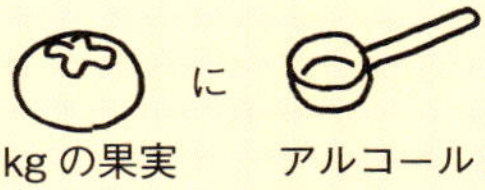

(25 度の焼酎なら 25%のアルコールが含まれているので焼酎は 4 倍の 8mℓ)

袋の中のキッチンペーパーにアルコールを染み込ませる。アルコールが果実に触れないようにする

4

アルコールを染み込ませたら、なるべく早く袋の口を閉じて、しっかり密封する

5

家の中のなるべく暖かいところに置いておく。だいたい 3 ～ 14 日くらいで抜ける。気温や柿の品種によっても変わる

6

早く渋抜きしたい場合や、渋抜きしにくい品種の場合は、ビニール袋に入れたまま、風呂の残り湯に浮かべてみる方法がある。うまくいけば最速で一晩、遅くとも 2 ～ 3 日で食べられるようになる。ただし、渋抜きが進みすぎて軟らかくなってしまう危険性も増す

脱渋のしくみ
――アセトアルデヒドがタンニンを固めてしまう

脱渋は柿の果実の中にあるタンニン細胞に蓄えられた柿タンニンを固めてしまうことです。そもそもなぜ固まってしまうのでしょうか？　それには、アセトアルデヒドという物質が重要な役割を担っています。

アセトアルデヒドは、エチルアルコールから水素がはずれてできる物質です。化学式はC_2H_4O、分子量四四のごくありふれた物質です。お酒を飲み過ぎて気分が悪くなったり、二日酔いで苦しんだりしたことがある方なら、悪酔い成分としてのアセトアルデヒドをご存じでしょう。二日酔いのアセトアルデヒドは、お酒に含まれるエチルアルコールが肝臓の脱水素酵素の働きで水素をはずされて生まれるものですが、同じような機構が、柿の果実にもあります。また、柿タンニンは、このアセトアルデヒドと非常によく反応し、たちまち固まってしまう性質を持っています。脱渋は、この性質を利用して行なわれるものです。

では、アセトアルデヒドはどこからやってくるのでしょう？　樹上で自然に脱渋する不完全甘柿の場合、果実に種子が育つとある時点で種子がアルコールとともにアセトアルデヒドを作ります。また、渋柿を人工的に脱渋処理する場合は、その処理によってアセトアルデヒドが作られます。さきほどのアルコール脱渋の場合は、ヘタから果実に吸わせたエチルアルコールが、果実中の脱水素酵素の働きでアセトアルデヒドに変化します。そうして生じたアセトアルデヒドによって柿タンニンが固められ、水に溶けなくなって、渋味が消えてしまうのです。したがって、渋い柿に直接アセトアルデヒドを吸収させても、脱渋は可能です。

しかし、渋い未熟な「富有」の果実にアセトアルデヒドを吸わせても脱渋しないことが実験でわかっており、完全甘柿は渋柿とは異なる、別のメカニズムで脱渋していると考えられます。

湯抜き法

家庭でよくやられていたもう一つの湯抜き法の原理もみてみましょう。

これは風呂の残り湯などに渋い柿の実を浮かべておくだけで、だいたい翌日には渋味が消えているという、昔から家庭でよくやられていた方法です。

その原理は無気呼吸です。

柿の実は、われわれ人間と同じく酸素を吸って二酸化炭素を吐き出す呼吸を行なっています。ですから、柿の実もお湯に浸けられると窒息して酸素が吸えなくなります。そのとき、柿は無気呼吸という、酸素なしの呼吸を始め、副産物としてアルコールができてきます。このアルコールが果実中のアルコール脱水素酵素の働きでアセトアルデヒドになり、柿タンニンと反応してこれを固めてしまうのです。この反応は温かい温度でより進むため、風呂の残り湯の温度が、反応を促進してくれます。

このように湯抜き法は手軽にだれでもできて失敗の少ない方法ですが、無気呼吸のせいでしばしば異臭がしたり果実が軟化したりという欠点があり、産業的に行なわれることはありません。

炭酸ガス脱渋

高濃度の炭酸ガスに果実をさらして脱渋する方法もあります。業務的には、奈良県や和歌山県の主要な渋柿品種である「刀根早生」や「平核無」で利用されており、今では一度に六〇tもの果実を処理できる施設も作られています。

炭酸ガス脱渋の原理は、湯抜き法と同じく窒息による無気呼吸でアルコールが果実内にでき、それがアセトアルデヒドに変わって果実中の柿タンニンとくっついて固めてしまいます。それともう一つ、果実に吸われた炭酸ガスがアセトアルデヒドの材料になって、より効率よく柿タンニンを固めます。

家庭では、ドライアイスを使うと手軽にできます。品種にもよりますが、ビニール袋に果実を詰め、果実一kg当たり一〇～二〇gくらいのドライアイスを入れて、しっかり口を縛って炭酸ガスが漏れないようにすると、四日くらいで渋が抜けます。

ただ、ドライアイス脱渋は、渋抜け後急速に軟化したり色が黒くなったりする傷害が発生しやすく、また、家庭では温度を一定にすることが難しく、うまくいかないことのほうが多い脱渋方法になります。

奈良県や和歌山県で大規模に行なわれている炭酸ガス脱渋は、CTSD法という特殊な方法で、脱渋が進みつつ果実が傷まないというギリギリのところをねらって温度と炭酸ガス濃度を精密にコントロールするので、遠く東京などに出荷できる品質が保てるのです。

乾かしたり、凍らせたりしても抜ける

以上の方法以外にも、いくつかの渋抜き方法があります。そのなかで、もっとも代表的なものは干し柿です。果実の皮を剥いて、軒下に吊るして寒風にさらしたり、温風乾燥機で乾燥させたりすれば、甘味が増し、肉質が軟らかになり、渋味も消えます。皮を剥いたことが刺激になってアセトアルデヒドができやすくなり、乾燥によってタンニンがだんだん固まっていきます。したがって、急に乾燥させると渋いまま乾燥してしまうので、単純に水分を蒸発させればよいわけではありません（干し柿の作り方は78ページ）。

また、柿を凍らせても渋が抜けます。タンニン細胞が凍結と解凍によって壊れ、果肉に含まれるペクチンなどと反応して不溶化することで渋味が感じられなくなるのではないかと考えられています。

また、軟らかに熟させた熟柿は、渋柿でも渋味が感じにくくなります。熟す過程で溶け出したペクチンが舌の粘膜を保護するからだといわれています。若い方には嫌われがちですが、熟柿になると、甘味、風味が増して硬い柿では味わえない柿らしさが醸し出されてきます。「甲州百目」のように、あえて熟柿にするために販売される柿もあり、根強い人気があります。

柿はなぜタンニン細胞＝毒を持ったのか

柿の果実を切ってその断面を見てみると、黒や茶褐色の小さな斑点がたくさん入っていることがあります（写真3—9）。その様子から、奈良県の産地では「ゴマが入った」とか、こういう果実は甘いために「砂糖が入った」という古老もおられますが、この小さな点々を、「タンニン細胞」と呼びます。

果実を形作る細胞は、大半が「柔細胞」と呼ばれる細胞でできています。これは、水分や糖分などをため込み、果実を大きくふくらませる役目を持っています。これに対し、タンニン細胞は、渋い柿タンニンを特異的にため込んでい

くという、じつに不思議な性質を持っています。あの、茶褐色の斑点は、タンニン細胞に蓄積されたタンニンが固まったものです。

　このタンニン細胞は、柿ならどの品種も多かれ少なかれ持っていますが、ほかの植物にはほとんどないという、植物ではたいへん珍しい存在になります。

　なぜ柿がこのような特殊な細胞を持つようになったのか、という問いに対しては、まったく自然の不思議というよりありませんが、このタンニン細胞のおかげで、柿はほかの植物では考えられないほど高濃度にタンニンをため込むことができるようになりました。

　そもそもタンニンという物質は、菌などを殺菌する力があり、生物にとっては毒ともいえます。これは、生命を維持するのに重要なタンパク質にタンニンがくっつき、変性させてしまうからですが、その毒性は柿自身にも及びます。つまり、柿は自らを殺しかねない毒物を高濃度にため込むという、一見無茶な行為を平然と（?）行なっているのです。

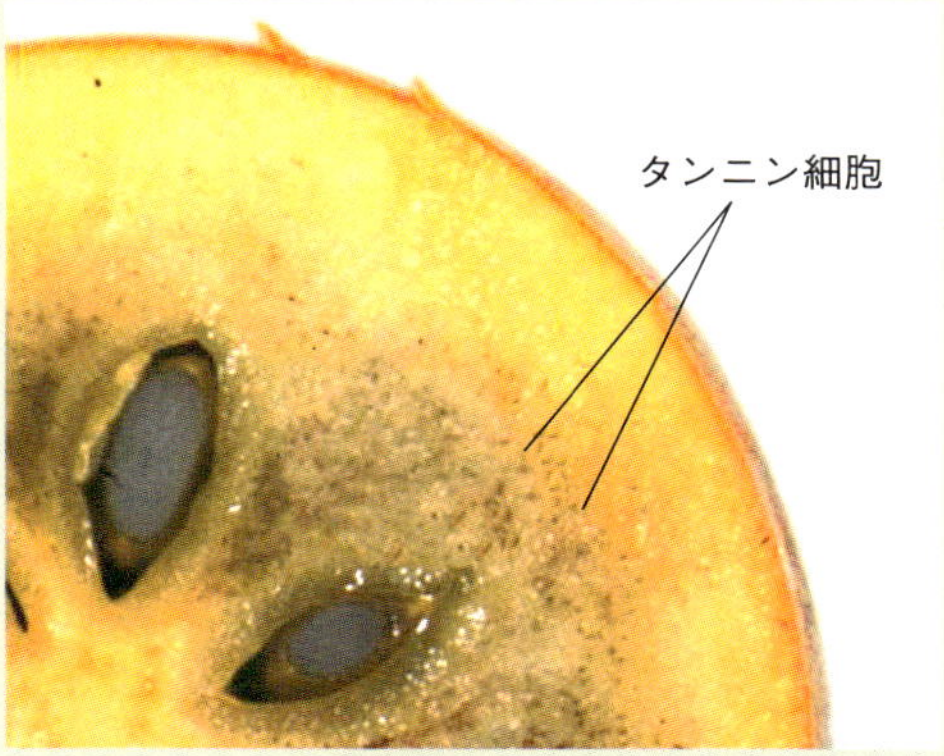

写真 3—9　柿のタンニン細胞＊

　なぜそんな危ないことをしているのかという理由も、残念ながらよくわかっていません。たとえば、種子が未熟のうちに鳥や獣に果実を食べられてしまわないように、成熟するまでは渋味を強くしているという説や、紫外線に弱い種子の遺伝子を守るためという説があります。それぞれ有力な仮説ではありますが、柿以外の植物でも事情はほぼ同じなのに、柿と同じようにタンニン細胞を発達させてきた植物がほとんどないのも不思議な話です。つまり、進化の過程で柿にそんな選択をさせた、何か特別の事情があったのではないかという気もしてきますが、いずれにしても、タンニン細胞は、今のところは謎としかいいようがない不思議な細胞なのです。

3　柿の料理

柿産地農家の食卓レシピ

渋抜きがうまくできたら、料理にも使っておいしくいただきましょう。

スペイン、イタリア、トルコなどの地中海沿岸では、柿はソースの材料として利用されることが多いそうで、売られている柿の果実も、かなり過熟になった軟らかなものが売られています。いっぽうわが国では、柿はそのまま食べるか干し柿にして食べるのが普通で、あまり料理の材料にすることはありません。ただ、奈良県のような柿の産地では、農家のみなさんがさまざまな柿の料理を作り、日々の食卓を賑やかにしています。

そこで、奈良県を代表する柿の産地のひとつ、吉野郡下市町栃原の農家の奥さんたち（写真3―10）にうかがった、柿の料理をいくつかご紹介しましょう。レシピも一応ありますが、なにぶんそれぞれの家庭の料理で、材料は基本目分量、味つけは勘で味見をしながら最終調整、という「家庭の味」なので、あくまでも目安、参考としてご覧いただき、適宜工夫してもらえればと思います。それでは、柿の鮮やかな色合いや甘さを活かした、素朴で味わい深いおいしい柿料理をどうぞ（写真3―11～写真3―23）。

写真3―10　ふだん家庭で食べている柿料理を作って見せてくれた、奈良県吉野郡下市町栃原の農家の奥さんたち（むつみ会）

写真3―11　柿料理の数々。まさに柿づくし

1 柿色鮮やか！ 生野菜と抜群に合う柿ドレッシング

まずは、サラダにピッタリの柿のドレッシングを紹介します。といっても、柿と酢を合わせて熟成させただけの超簡単レシピです。たったこれだけで、野菜の緑に彩り鮮やかに映える爽やかドレッシングが完成します。各家庭で、お好みの味つけでその家だけの味を創造されてはいかがでしょう？

材料

- よく熟して軟らかくなった柿
- 酢（普通の米酢など市販の酢でよい）
  分量は適当だが、だいたい柿１に対して酢１〜1.5の割合くらいではないかと思われる。
- 塩、コショウ、オリーブオイル適量

作り方

❶柿を洗い、ざるなどで半日くらい陰干しにして水気を切る
❷ヘタを切り落とした実を、清潔なフタのできる容器に収める
❸実が浸かるまで酢を注ぎ入れる
❹フタをして、冷蔵庫で１カ月くらい置く
❺容器の中で柿をつぶす
❻容器の中身をざるにあけて濾す
❼濾した液をビンに入れ、しっかりフタをして冷蔵庫にしまう
❽食べるときは、少しずつ小出しにして、塩、コショウ、オリーブオイルや香辛料を好みにより加えて味をつける
❾生野菜のサラダなどにかける

写真 3―12

使い方の一例

柿とカイワレダイコンとダイコンのサラダ

材料

- ダイコン　1/4〜半分くらい
- 柿　１個
- カイワレダイコン　１パック

作り方

❶ダイコンはかつら剥きして千切りにする
❷柿もダイコンに合わせて切る
❸カイワレダイコンは水洗いして食べやすい大きさに切り、皿に盛りつける
❹カイワレダイコンの上に千切りにしたダイコンと柿を散らし、柿ドレッシングをかける

2　超簡単！　柿を活かしたサラダ2種

野菜とカットした柿を和えて味をととのえるだけの簡単な一品です。しかし、簡単なわりに、緑や白の野菜とオレンジの柿の色合いがすばらしく、ほどよい甘味が全体の味を引き立てる絶妙な組み合わせになっています。

柿とホンレンソウのマヨネーズ和え

材料
- ホウレンソウ　適当に1束か2束
- 柿　これも適当に、大1個くらい
- マヨネーズ　好みで量を調整

作り方
1. ホウレンソウは茹でて一口大に切る
2. 柿も一口大に切る
3. 切ったホウレンソウと柿を適量のマヨネーズで和える

写真 3―13

富有柿とハクサイのサラダ

材料
- 硬い富有　1個
- ハクサイ　半分
- すりごま　少々
- マヨネーズ　少々
- 塩　少々

作り方
1. ハクサイは千切りにして塩を振り、しばらく置く
2. 柿も千切りにする
3. しんなりしたハクサイを絞り、柿を加えて混ぜる
4. すりごま、マヨネーズを入れ、よく混ぜる

写真 3―14

3　柿農家の伝統的な柿料理、柿の白和えと柿なます

伝統的な奈良県柿農家の柿料理二品です。基本の作り方はありますが、味つけや材料は家ごとに少しずつ違う代表的な家庭料理になります。工夫次第で「自分の味」が創り出せるのではないでしょうか。

柿の白和え

写真 3―15

材料

- 木綿豆腐　1丁
- ホウレンソウ　1束
- シメジ　1パック
- コンニャク　半丁
- 柿　1個
- 味噌、砂糖、ごま、めんつゆ　適量

作り方

❶豆腐はサッと湯通しして水気を切る
❷ホウレンソウ、シメジ、コンニャクを食べやすい大きさに切り、サッと茹でてめんつゆに浸す
❸柿は短冊に切っておく
❹すり鉢でごまと味噌をすり、砂糖少々を加え、豆腐もすって混ぜる
❺柿、ホウレンソウ、シメジ、コンニャクの水気を切り、すり鉢に入れて和える

写真 3―16

柿とダイコンなます

材料

- ダイコン　1/4～半分くらい
- 柿　1個
- 酢　適量
- 砂糖　少々
  (好みで。柿が甘いので控えめに)
- ごま　少々
- ごま油　少々
- 塩　少々

作り方

❶ダイコンは千切りにして軽く塩を振り、しんなりとさせる
❷柿も千切りにしておく
❸しんなりした千切りダイコンの水気を切り、柿と混ぜる
❹酢、ごま、ごま油　砂糖を混ぜ、ダイコンと柿に和える

4 柿を使った漬物

奈良県の代表的な土産物の奈良漬には、甘味つけに柿の皮をいっしょに漬けることがあります。また、柿の実を漬けたものもありますが、ここでは栃原の家庭の漬物二種をご紹介します。農家の家庭の漬物なので、材料の単位は少々豪快です。試みるときは、適宜減らしてみてください。

写真 3—17

熟柿のダイコン漬け

材料

- 軟らかくなった柿　10kg
- ダイコン　10kg
- 塩　700g

作り方

❶柿のヘタを取り、漬け物桶に入れてつぶし、塩を混ぜる
❷皮を剥いたダイコンを中央で二つに切り、それをさらに2分割して、柿の中に漬け込む
❸漬けて20日ほどで食べられるようになる。ダイコンを取り出し、軽く洗ってから適宜カットする

写真 3—18

柿のキムチ

材料

- ハクサイ　15kg
- 塩　600g
- ダイコン　2kg
- ニンジン　1kg
- ニラ　5束
- リンゴ　大2個
- ショウガ　80g
- ニンニク　100g
- ハチミツ　50g
- 砂糖　150g
- 塩アミ　1kg
- 富有の熟柿　大4個（約1～1.2kg)
- 粉トウガラシ　300～400g
- だしの素　1袋（8g)

作り方

ハクサイの下漬け

❶前日のうちにハクサイを3～5㎝程度に刻み、4%の塩で下漬けしておく

ナムニョム作り

❷ダイコン、ニンジンを千切りし、少量の塩でもむ。水が出てきたらよく水気を切って絞る
❸リンゴ、ショウガ、ニンニクはすり下ろす
❹ニラは3㎝に切る
❺柿は細かくつぶす
❻②～④をボウルに入れ、少し絞った塩アミを加え、だしの素、粉トウガラシ、ハチミツ、砂糖を入れてよく混ぜる

仕上げ

❼前日に塩漬けしたハクサイの水をしっかり搾ってナムニョムとよく混ぜる
❽2～3日漬け込んでよくなじませる

5 柿のおやつ

柿はそのままでも十分おいしいスイーツですが、軽くひと工夫加えると、さらにその甘味が引き立ち、風味や彩りのよいデザートができます。柿のプリンやムースなど、奈良県の産地でもいろいろ作られていますが、ここでは、昔ながらの干し柿を少し工夫したものと、温かいものと冷たいものを一つずつご紹介しましょう。

柿チップ

写真 3—19

材料

- 平核無、刀根早生、富有などのしっかりした実

作り方

❶渋柿の場合は、事前に脱渋しておく
❷柿の皮を剥き、厚さ 5 ～ 7mm くらいにスライスする
❸ざるなどに重ならないように並べて、好みの硬さになるまで干す。乾燥機があるのなら乾燥機で干す

柿のフリッター

写真 3—20

材料

- 硬い富有の実
- ホットケーキの素
- 水あるいは牛乳
- 揚げ油

作り方

❶柿は皮を剥き、ヘタを取って 1/8 くらいに切る。種子も取っておく
❷ホットケーキの素は分量どおり、水、牛乳などで溶く
❸柿にホットケーキの素を絡ませ、180 度くらいの油で揚げる

柿入り寒天

写真 3—21

材料

- 柿　1 個
- 寒天　1 本
- 砂糖、塩
  好みで適量

作り方

❶寒天を水につけて戻す
❷戻した寒天を固く絞り、細かくちぎって、600cc の水に入れて弱火で炊く
❸好みで加減した砂糖と塩を加えてよく溶かし、火を止めて冷ます
❹少し冷めたら容器に入れ、さらに冷ます
❺柿の実を細かく切って容器に浮かす
❻しっかり冷やしてできあがり

6　大和の伝統食、柿の葉寿司

柿料理の最後に、奈良県吉野地方の伝統的な郷土食の「柿の葉寿司」をご紹介します。本格的に作るには新鮮な柿の葉が不可欠ですし、専用の寿司桶も必要ですので、どなたでも簡単にできるわけではありません。ですが、機会があればぜひ試して損はないおいしさです。

柿の葉寿司

材料

- 米　1升
- 酢　200 cc
- 砂糖　180g
- 塩　ひと握り＋15g
- だし昆布　5㎝四方くらいが一切れと4㎝四方くらいが一切れ
- 柿の葉　150 枚
- 寿司鯖　100 切れ

道具

●**寿司桶（柿の葉寿司用）**　ヒノキを用いた四角の木製の入れ物で、上から圧力をかけられるようになっている。奈良県吉野地方では嫁入り道具の必須とされてきた。今でもたいていの家庭に常備されている。入る寿司の数でさまざまな大きさのものがある。奈良県南部の道の駅などで入手できる場合もある

●**寿司型**　プラスチック製のにぎり寿司用の押し型が、市販されている。5 個用が手頃

●**寿司桶**　ご飯を酢に合わせるときに使用する円形の桶

寿司鯖の調整

簡単にするには、市販の酢でしめた鯖が市販されているので、これを購入して利用されるのがよいでしょう。ここでは、鯖から調整する方法をご紹介します

作り方

❶鯖 1 尾（腸を抜いたもの）の腹の中と外身に、ひと握り分の塩をよくすり込む

❷塩をした鯖をビニール袋に入れ、きつく巻いて締め、冷蔵庫に入れて 3 日ほどおく

❸鯖を取り出し、3 枚に下ろして皮を剥き、片身を 25 切れくらいに切り分ける。1 尾で 50 切れくらいとれる

写真 3—22

写真 3—23

寿司の整形

作り方

❶5 個用の寿司型とフタに酢をつけておく
❷型の底に鯖の切り身を置き、170g のおにぎり状の寿司飯を 5 つの型にまんべんなく、かつなるべく固く詰め込む
❸フタをしてひっくり返し、型からはずす。すべての鯖の切り身と飯を整形する

柿葉巻きと押し

❶寿司を柿葉で包むように巻く。通常は、葉のつやつやした表側の中央に寿司鯖がのるように寿司を置き、葉を巻いて寿司の両端部分を折り曲げる
❷柿の葉寿司用の寿司桶（1 升用）へ、隙間のないように葉を巻いた寿司を並べていく
❸数段に積み重ねてきっちり詰める
❹寿司桶のフタをして、締め具のくさびを差し込み、寿司を押す。すぐに食べられるが、1 日程度置いてから食べるほうがおいしい

寿司飯

作り方

❶研いだ米にだし昆布（5㎝四方）をのせ、炊き上げる
❷鍋に、酢 200cc、砂糖 180g、塩 15g、だし昆布（4㎝四方）を入れて火にかけて合わせ酢を作る。酢が透明になったところで火を止める
❸炊き上がったご飯のだし昆布を取りのぞき、寿司桶にご飯をあけて鍋の合わせ酢をまんべんなく混ぜ込む
❹混ぜ終わったら、酢飯を 170g ずつのおにぎりにする

柿の葉の準備

一枚一枚ていねいにふきんで拭き、軸部分を切り落とす。大きすぎる葉はカットして大きさをそろえておく

4 柿の効能

柿が赤くなると医者が青くなる

ことわざに、「柿が赤くなると医者が青くなる」という言葉があります。一般には、栄養成分に優れる柿が赤く色づいて食べられるようになると、みな健康になって医者にかからなくなるため、商売上がったりになった医者の顔が青ざめるから、とされています（世界ことわざ辞典）。もっとも、この言葉には異論もあって、柿が色づくと農家は収穫に追われて医者にかかる暇も惜しむから、という説もあるそうです。ここでは一応健康説で話を進めます。

柿が体によい、という話はかなり古くから伝わっており、わが国最初の医学書『医心方』の巻第三十には、「……主通鼻耳気……（耳鼻のつまりを通す）」、「軟熟柿、解酒熱毒止口干　押胸間熱（熟柿は酒ののぼせや二日酔いを癒やし、胸焼けを抑える）」というように多くの効能が挙げられています。また、平安時代の政治家藤原道長が「柿汁」（何を指すかは不明）を飲んでよいか医薬に堪能な人に尋ねているように、実際に薬として柿が話題にのぼる例もあったようです。昔の人々は、経験的にその効能を知り利用してきたわけですが、現代は、科学的に分析されています。

意外にも多いビタミンC

ほかの果物と比べ特に多いのがビタミンCです。食品分析表をひもとくと、甘柿の「富有」で果実一〇〇g当たり七〇mg、渋柿の「平核無」で五五mg含有と記載されています。ビタミンCが多いといわれる温州ミカンで一〇〇g当たり三五mg、レモンは五〇mgですから、それに比べれば、柿のビタミンC含有量がいかに多いか理解いただけることでしょう（図3－3）。柿に匹敵するほど多くのビタミンCを含有し、かつ普通に食べられそうな果物といえば、ほかにはキウイくらいしかありません。

また、野菜と比べてもその量はたいへんに多いといえます。野菜でビタミンCが多いのはたとえばホウレンソウがありますが、ビタミンCは熱に弱く、しかも水溶性ですので、茹でたり炒めたりするとたちまちその量は激減します。柿はまず加熱することがありませんから、ビタミンCをほぼそのまま摂取することができます。

このようにいろいろなところで柿のビタミンC含量が多いことを紹介すると、必ず「そんなに多いとは知らなかった」という感想をいただきます。一般にビタミンCが多いといわれる果物がたいてい酸味が強いことから、酸味＝ビタミンCが多い、と誤解されているようです。確かにビタミンCも、なめてみると結構酸っぱいですが、果物の酸味は、ミカンやレモンではクエン酸、ブドウは酒石酸、リンゴはリンゴ酸というような有機酸によるもので、その量はビタミンCの数十倍、場合によっては一〇〇倍を超えます。なので、いくらビタミンCが酸っぱいといっても、果実全体の千分の一にも満たない量では、どんな敏感なヒトでも舌でその味を感じることはできません。ちなみに、果実よりもけた違いにビタミンCの多い柿の葉は、試みにかじってみると確かに酸味を感じることができます。

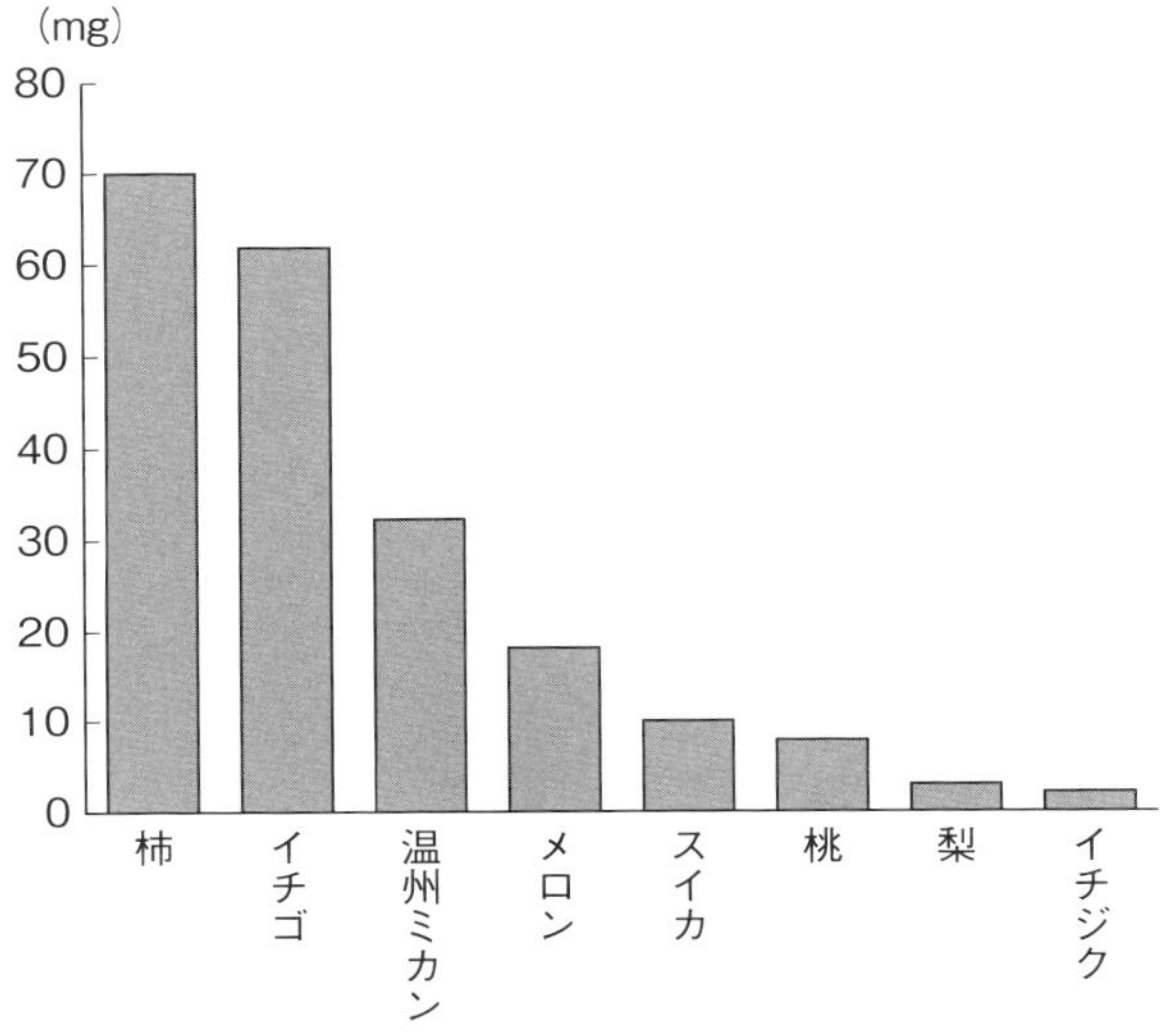

図3—3　柿のビタミンCはほかの果物に比べて特に多い

オレンジの色素β—クリプトキサンチンに健康機能性あり

柿は、平安時代の書物『和名類聚抄《わみょうるいじゅしょう》』にも果実が赤色であることが特徴として挙げられており、「かき」の発音が、「赤き」からきているという説もあるほど、そのオレンジから朱色に色づいた姿が特徴の果実です。

柿の果実の色は、リコピンやβ−カロテンなどのカロチノイド色素でできています。リコピンはトマトの色素としても知られており、カロテンは、温州ミカンのオレンジの色と同じものです。また、カロテンは人の体内でビタミン

Aに変化する、健康維持には欠かせない栄養素であり、リコピンともども、さまざまな健康機能性が期待され、研究が進められています。

柿のカロテン含有量は、ホウレンソウやカボチャ、ニンジンといった野菜に比べるとずっと少ないですが、果実としては例外的に多く含まれており、ほかの栄養成分といっしょに摂取できる点でも優れたカロテン補給源といえます。

また、野菜では摂取できないカロテノイドが含まれている品種もあります。それは、β—クリプトキサンチンというカロチノイド色素です。これは、温州ミカンに多く含まれている色素ですが、柿では「御所柿」などに多いことがわかっています（図3—4）。β—クリプトキサンチンは、β—カロテンをはるかにしのぐ強力な健康機能性を発揮することから、現在も精力的に研究と利用が進められています。

これらの色素は、よく日光を浴びた果実ほど多くなり、きれいに色づくことが知られています。そのために、整枝せん定で樹の奥までよく光が通るように樹形を整えたり、地面にアルミ蒸着フィルムや白マルチを敷いて光を反射し、下からも光を当てる、というような工夫をされることがあります。しかも、柿の色づきと果実の甘さには相関があり、日を浴びて赤く色づいた果実は、糖分の蓄積も増して甘くなっています。つまり、おいしそうに色づいた果実は、やはりおいしいというわけです。

図3—4　健康機能性をもつβ—クリプトキサンチンが含まれている

食物繊維も豊富

柿はミネラルも豊富に含んでいますが、なかでも多いのがカリウムです。高血圧に塩（ナトリウム）がよくないことはよく知られていますが、カリウムはナトリウムの作用を阻害し、排出を促す働きをするといわれています。柿などの果物から摂取できるカリウムは、塩分過剰に悩む現代人には欠かせないミネラルといえるでしょう。

また、柿は食物繊維も豊富です。生の柿でも多いですが、干し柿に加工した場合はけた違いの量になり、ドライフルーツのなかでもいちばん多く、一〇〇g当たり一四gにもなります。

その主成分はペクチンやヘミセルロースという多糖類です。多糖類は、主に海草由来のものが増粘多糖類として産業的にもよく利用されています。その機能性も研究が進められ、従来の食物繊維の常識を一新するような成果が出てきています。柿の食物繊維が、海草のように新たな健康機能性を示すかどうかはこれからの研究次第ですが、柿が比較的簡単にしっかり食物繊維を摂れる食品であることには違いありません。

意外と低いカロリー

柿はたいへん甘い果物なので、よくカロリーが高いのではないか、と誤解されることがあります。もちろん十数%の糖を含んでいるのでまったくのノンカロリーというわけではありませんが、果実一〇〇g当たり六〇kcalになります（日本食品標準成分表二〇一〇）。甘いわりに意外と小さな数字に感じられるのではないでしょうか。ほかの甘い菓子類だと、たとえばショートケーキなら三四四kcal、ドーナツ三八七kcal、アイスクリーム一八〇kcal、和菓子でも大福餅二三五kcalなどのように、その差は三倍から六倍以上と歴然です。

ただ、洋菓子の油と砂糖の組み合わせの魅力にあらがうのは到底不可能でしょうし、和菓子は和菓子で、日本人の味覚にあった伝統のおいしさがあり、文化としても決して失ってはいけないものです。そこで、まずはほんの少し、お菓子に換えて柿を食べる機会を増やすところから始めてはどうかと思います。果実は天候次第でその出来が大きく左右されるため、菓子のように常に一定水準の味を保証することはできませんが、そんななかで得られる旬の味は、洗練された洋菓子や和菓子とはまた違った独特のおいしさがある、まさに天与の甘露です。柿の甘味は、そんな悠久の歴史のなかで培われてきた先祖伝来の味覚を今に伝える、貴重な味なのです。

5 柿の加工利用

香りがなく、渋が戻る――柿加工の弱点

柿の加工食品には「干し柿」や「柿酢」などがありますが、柿は基本的には加工がたいへん難しい果物になります。その原因は主に二つあります。

一つは、香りが乏しいことです。

桃やリンゴのように特徴的な香りがあると、その匂いがふわっと香るだけで、即座にその製品が何からできているかわかりますが、柿の場合はそんな香りがないため、加工品を作ってもなかなかそれを柿と認識してもらうことができません。ただ、香りが全然ないわけではありません。果実を口に含んだときの風味にはやはり柿固有のものが感じられるし、なかでも中国地方でよく作られている「西条」という品種は、その風味がかなり強く感じられるおいしい柿です。

しかしながら、リンゴなどでは、その香りを代表する成分がわかっており、合成も可能だったりしますが、柿には今のところ、その成分をかげば柿とわかるというような代表的な香り成分は見つかっていません。

もう一つ加工が難しい原因は、渋味成分である柿タンニンの存在です。ジュースや缶詰、ジャムといった果実の加工品は、加工するときや殺菌に必ず加熱しなければなりません。しかし、脱渋した「平核無」などの渋柿や「富有」のような甘柿でも、果実を煮沸するなどして加熱すると、往々にして渋味が復活します。これは、いったんは脱渋によって不溶性になった柿タンニンが加熱によって再び溶け出してくるために起こるもので、渋戻りと呼ばれます。

加熱しない加工がされてきた

これらが原因で、柿はあまり香りにこだわらず、かつ加熱を必要としない加工が行なわれてきました。それが、干し柿や柿酢というわけです。また、食べものではありませんが、産業的に非常に重要な役割を持つ柿渋も、柿の果実

で作る加工品になります。ほかにも、葉を用いる柿の葉茶や柿の葉寿司も柿の重要な加工品です。

6 柿酢の作り方

農家で古くから作られてきた健康食品

柿酢は、古くから農家が手軽に作って利用してきた果実酢のひとつです（写真3―24）。まろやかな癖のない酸味と柿由来のカリウムやタンニンが豊富に含まれる健康食品として知られており、高血圧などでは効果が認められるデータも出ています。柿産地にある道の駅や直売所でよく見かけますが、生産量が少なく、あまり一般には市販されている例がありません。

つぶして容器に入れて発酵させるだけの簡単な手順でできてしまうので、失敗も少なく安定してよいものができます。

写真3―24　農家が作った柿酢

要点をまとめてみました。

▼できるだけ甘い柿を使う

材料は柿の果実だけです。渋柿でも甘柿でもかまいません。ただし、できるだけ甘い柿を使う必要があります。酢の原料は糖だからです。糖がいったんアルコールに変わり、それが今度は酢に変わるので、糖度が高いほうが濃い酢ができるのです。たまに「渋柿のほうが糖度が高い」から渋柿が柿酢作りに向いている、ということが書かれているものを見かけることがありますが、もちろん甘柿でもおいしい柿酢ができます。

だいたい、単純に糖分だけで比較すると、一般的には甘柿のほうが高い濃度で糖分が含まれており、より甘いといえます。ではなぜ糖度だと渋柿のほうが高くなるかというと、糖度は、糖だけを計っているわけではないからです。

一般的に果物の世界でいう糖度（糖度は、砂糖業界などでは意味が違います）とは、可溶性固形分というものを計っています。そして可溶性固形分には、糖のほかに、渋味のタンニンや水溶性ペクチンなどの食物繊維も含まれるのです。渋柿は種類によって多少の差はありますが、タンニンが数％含まれていますし、秋が深まった頃の軟らかくなった果実は、水溶性ペクチンなども多くなっています。そのために、それらを含めた糖度は、実際の甘さよりも高めに出てしまいがちなのです。

▼柿は洗わない

発酵させるのには、その元となる発酵菌を入れる必要があると思うかもしれません。しかし、柿の果実の表面には、自然の酵母がすみ着いているので、あえて発酵用の酵母を別に用意する必要はありません。長年作り続けておられる農家の方だと、以前作った柿酢や表面にできてくるコンニャク状のもの（酢酸菌の塊）をスターターとして加えて、より安定した柿酢作りに役立てている方もいますが、それらがない初めての場合でも、果実表面の酵母で勝手に発酵は始まりますから、心配はいりません。

したがって、柿の表面の酵母を失わないように、原料の柿はホコリを払う程度にして水洗いなどはしないようにします。果実表面の白いものが酵母だと書かれている場合がありますが、これは果実が自ら作って分泌しているワックスで酵母そのものではない場合があります。ただ、全体に白くワックスが粉が吹いて見えるような果実は、擦れたりしたことがなく、傷がない自然なまま熟した果実であるといえるので、柿酢作りには適した原料です。

▼容器は細かい目の布で覆う（ショウジョウバエ対策）

柿酢作りの天敵はショウジョウバエとカビです。特にショウジョウバエは、ふとした油断で大発生して柿酢を駄目にしてしまうので、大いに注意が必要です。柿を容器に詰め終えたら、適当な布でフタをします。ガーゼなど目の粗いものはショウジョウバエが侵入するかもしれないので、なるべく目の細い布を使ったほうがいいでしょう。口全体をしっかり覆って、隙間ができないようにヒモやゴムで布をしっかり縛っておいてください。

▼液面に固形物が浮き上がらないようにする（カビ対策）

容器の中身はときどき底からしっかり混ぜてやる必要があります。これは発酵を均一に進めることと、カビ対策のためです。発酵が進んでくれば、アルコールや酢酸の力でカビが出にくくなりますが、それでも固形物が液面から浮

図3―5　柿酢の作り方

準備するもの

柿の果実（渋柿でも甘柿でもよい。なるべく軟らかく熟したもの）

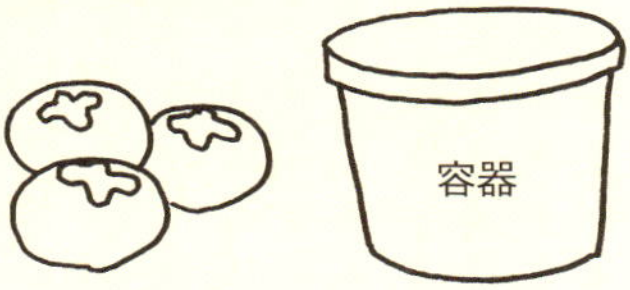

上から果実を棒などでつぶすので丈夫なもの

＊果実は洗わない
＊ 5kgの果実から、1 升（1.8ℓ）の柿酢ができるとされる

1

果実のヘタを取り、必要に応じて 4 つ割くらいに切って、皮ごと容器に入れていく。すりこ木の棒などで果実を押しつぶし、さらに果実を足し、容器の八分目くらいまで柿を入れる

2

なるべく目の細かい布でフタをし、口全体をしっかり覆って、隙間ができないようにヒモやゴムで布をしっかり縛っておく

3

容器を保管する。日が当たらず、気温の変化がなるべく少ない涼しいところで、ホコリのたたない、日頃よく観察できる身近なところに置く

4

容器の中身をときどき底からしっかり混ぜる。液表面に固形物が浮くとカビの原因になるので沈める

5

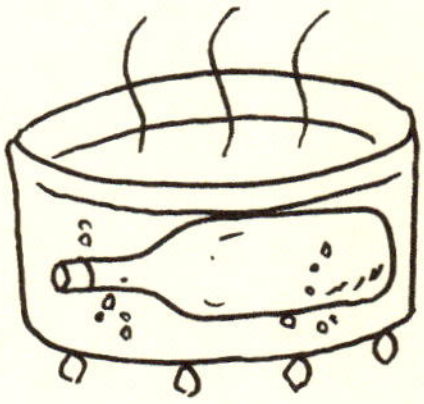

仕上がりの目安は半年。容器の中身を布で濾し、清潔な別の容器に移して保管する。ビンなどに詰め、火入れして発酵を止めると保存がきく。火入れしない場合は発酵が続いて容器が破裂する恐れがあるので、容器の口は密閉しない

き上がって「島」ができていると、その部分にカビが生えてくることがあります。これは、梅干しとか漬物などでも同じ理屈なので、いろいろと農産加工を楽しむ場合の共通の注意点です。

▼仕上がりの目安は半年

仕上がりは発酵の程度にもより、最終的にはお好み次第ということになりますが、あまり早すぎると、酢というよりは酒になりかねません。仕上がりのだいたいの目安は半年です。これで仕上がり、と思った時点で容器の中身を布で濾し、清潔な別の容器に移して利用していきます。このとき、火入れして発酵を止めると保存がききます。火入れしない場合は発酵が続いて容器が破裂する恐れがありますので、容器の口を密閉しないようにしてください。

▼膜が張ったらどうする?

柿酢を作っていると、よく表面にコンニャク状のものができてきて、膜を張ってしまうことがあります。これは、基本的にはどちらでもよいのですが、奈良県の農家や業者の方はその都度取ってしまうようです。その話によれば、膜が残っていると酢が薄くなっていくので、なるべく取るようにしているとのことです。また、残したままだと、最後に搾って酢の液を回収するときに搾りにくくなったり濁りの原因になったりするそうです。

具体的なやり方は図3−5のとおり。

柿酢作りで覚えておいてほしいこと

柿酢は、発酵の過程で必ずアルコールができます。酒税法では、柿酢そのものの製造について何らかの規定がなされているわけではありませんが、「酒類の製造の用に供することができるものに限る」という酒税法の規定からすれば、柿ワインなど酒類も製造されている柿は、酒税法の範疇にある原料といえそうです。酒税法上のアルコールは、たとえ個人消費のみで販売を目的としていなくても、発覚すれば罰則が適用される法律ですから、厳密には柿酢作りは違法行為といわざるをえないでしょう。

ただし、柿酢は、連綿と受け継がれてきた歴史ある農業文化の代表的な産物です。酒税法には、「酒税の保全上支障がないものとして財務省令で定める用途に供せられるもの」という例外規定も別に定められているので、ぜひ財務省におかれましては、柿酢は酒税法の規制の範疇の外にあることを定めていただきたいものです。

7 柿ジャムの作り方

色よく、渋味のないジャムにするには？

柿をジャムにすると、色合い鮮やかなおいしいものができますが、加熱しすぎると渋味が出てきたりするため、ジャム作りとしては難易度の高い果物といえるかもしれません。そこで、失敗せずにおいしいジャムを作るコツをご紹介しましょう。

▼材料の柿は完全甘柿を選ぶ

まず、完全甘柿の品種を選んでください。「富有」がいちばん手に入りやすいです。「刀根早生」「平核無」のような渋抜きをして市販されているものや、「筆柿」「西村早生」のようなゴマの入る不完全甘柿は、ジャムにすると渋くなりやすいので避けます。果実は、なるべく大きくよく色づいているものを使うほうが、おいしいジャムを作ることができます。また、硬いしっかりした果実よりも、軟化してつぶれそうなくらいに軟らかくなっているものを使うのが望ましいです。

▼グラニュー糖とレモン果汁は減らしすぎない

グラニュー糖とレモン果汁を用意します。グラニュー糖は、果実一〇〇gにつき四〇g、レモン果汁は一〇㎖を目安に、好みで加減してください。グラニュー糖は三分の一ずつ三回に分けて加えるので、はじめから三等分にしておくとよいでしょう。グラニュー糖を分けて入れることで、グラニュー糖がよく溶けてゼリー化が進み、溶け残りや焦げつきを防ぎます。最近は低糖度のジャムが好まれますが、あまりグラニュー糖やレモン果汁を減らしすぎるとジャムが固まりにくくなり、余計に加熱しなければならなくなったりすることもあります。減らす場合は特に加減には気をつけます。

▼保存容器は密封して殺菌ができるものを

すぐに食べきってしまうなら容器を選ぶ必要はありませんが、保存してしばらく食べ続けるのであれば、密封して殺菌ができる容器に詰める必要があります。空いているジャムのビンがあれば、それをそのまま使うのがよいでしょう。

▼小さな鍋で少量をすばやく作る

最後に、ジャムを上手に作るもっとも重要なコツを一つお教えします。それは、少ない量を小さな鍋でささっと素早く作ってしまうことです。どうしてもたくさん果実があると大きな鍋でいっぺんにやりたくなりますが、そうすると必然的に炊き詰める時間が長くなってしまいます。加熱時間が長くなると、色が褐色に変化し風味も飛んでしまい、柿の場合は渋味が出てくる危険が高まってきます。柿に限らず、色がきれいで風味に優れたジャムができるかどうかは、いかに加熱時間を短くして手早く仕上げるかにかかっています。作る時間が減らせれば、何度も繰り返して効率よく作業できるようになり、自分の好みの味に近づけていくよう試行錯誤することもできるでしょう。ぜひ面倒がらずにできるだけ小分けにして少しずつ作ってみてください。その努力が、おいしいジャムを作るいちばんのコツになるかもしれません。

くわしいやり方は図3－6のとおり。

準備するもの

完全甘柿

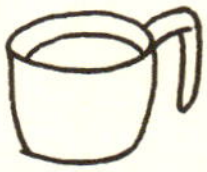

グラニュー糖
果実 100g につき 40g

レモン果汁
果実 100g につき 10mℓ

1

柿の皮を剥き、ヘタと種子を取る。やや硬い場合は、つぶれやすいよう 1cm角くらいに切る。種子のまわりのゼラチン状のものも入れるとよい（ゼリー化を促進するペクチンが含まれる）

2

果実の上からグラニュー糖 1/3 を入れ、火にかける。果実を適当につぶしながら、沸騰するまではやや強めに、十分熱くなったら弱火にし、さらにグラニュー糖 1/3 を加えて、焦げつかないように混ぜる

図 3—6　渋戻りしない柿ジャムの作り方

3

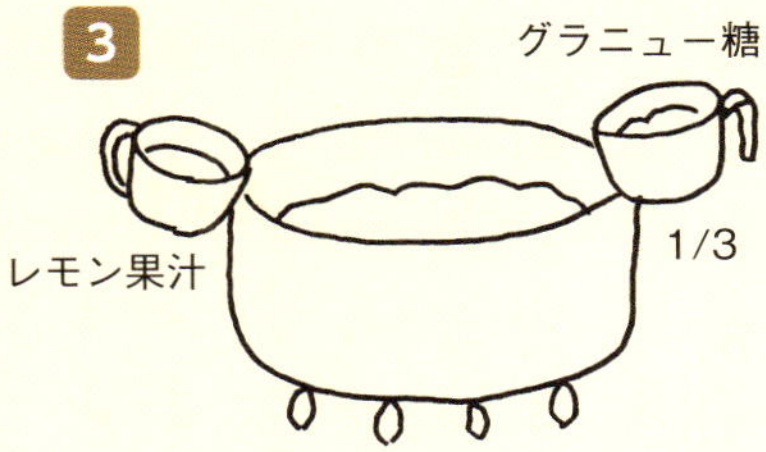

グラニュー糖が十分に溶けたら、残り 1/3 とレモン果汁を入れて、さらによく混ぜる

4

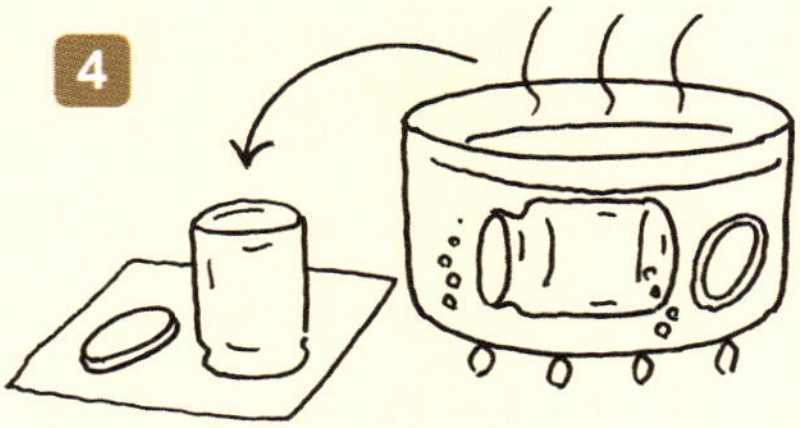

大きめの鍋に水を張り、ビンとフタを沈めてから火にかけてしっかり湯を沸かす。ジャムの仕上がり直前に取り出し、清潔な布の上に、フタはそのまま、ビンは逆さにして置く

5

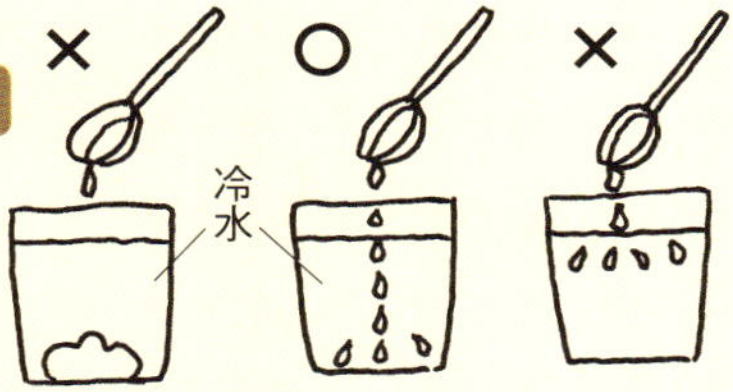

ジャムの仕上がりは、冷水をガラスコップに入れ、上からジャムを垂らして見る。ジャムが水面で散って底にほとんど沈まなければ、煮込みが足りない。どさっと底まで塊のまま落ちるようだと、煮込みすぎ。水面で軽く散って形を保ったまま底まで届き、ふわっと底で広がるくらいがちょうどよい

6

ビンとフタの間の空気を抜き、ジャムを殺菌するために、ビンにジャムを入れてから脱気殺菌をする。消毒したビンに熱いままのジャムを注ぎ、フタを載せておく。ビンの口に付着したジャムは拭き取る（カビ予防のため）

7

浅い鍋にビンの縁が沈まないくらいの量の湯を沸かし、ビンを入れて加熱する。水温は 85 ～ 90 度くらい。沸騰させないように注意しつつ、20 分間加熱する

8

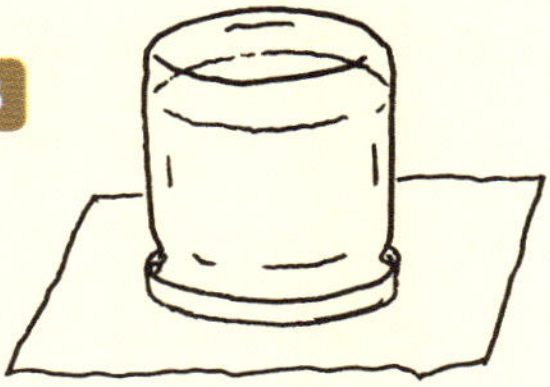

殺菌が終わったらビンを取り出し、しっかりフタを締めて、フタを下にひっくり返して清潔な布の上などで冷ます。粗熱がとれたら流水で冷やしてできあがり

コンポート、ジュースにも注目

最新の柿加工事情も紹介しておきましょう。

今のところほとんど流通していないので、めったに見ることはできませんが、柿の缶詰も昔から作られてきました。そこで、奈良県では、柿を缶詰のようにシロップに漬け込んで加熱して作る柿の糖蜜漬け（コンポート）を試作し、適切な果実の熟度や渋戻りの抑制などを調査し、製造方法を完成させました。地元の直売所グループに製法を伝授し、新たな産品として、注目を集めています。

いっぽう、最近山形県が開発した技術で、地元の渋柿「庄内柿（平核無のこと）」を用いた一〇〇％果汁のジュースが作られました。ジュースは殺菌の際に高温で加熱するので本来渋戻りするはずですが、新たな研究によってこの最大の欠点が克服されるという驚くべき成果です。今後の利用拡大に期待が膨らみます。

捨てるところのない柿　ヘタや根は薬に

柿で利用できるのは、果実と葉だけではありません。なかでもよく利用されるのが、柿のヘタです。ヘタは、雌花の萼片《がくへん》と呼ばれる組織がそのまま大きく育ったもので、ごく一部の品種を除いて、基本、四枚のヘタ片でできています。形は品種によりさまざまで、ぺったりと果実に寄り添うように平たく広がったモノもあれば、細く巻いて立ち上がり、まるで角のように尖った先を天に向けているモノもあります。柿のヘタは植物のなかでも非常に大きい部類に入り、果実が大きく育つためには不可欠の存在です。

この柿のヘタは、昔から「しゃっくり止め」の妙薬として知られており、十六世紀の中国の薬学の書物『本草《ほんぞう》綱目《こうもく》』にも、「柿蒂《してい》」の名前で紹介されています。今でも、日本薬局方という医薬品の規格基準を定めたものに、乾燥した柿のヘタが漢方薬の一剤として挙げられており、柿蒂《してい》湯《とう》という柿のヘタを主な材料にした漢方薬の処方が伝わっています。

柿は、その樹自体も珍重されることがあります。数百年を経た古い柿の木は、よく幹の芯のところに漆黒の模様が入ります。それは、年輪に沿って色づいたり、墨を流したように模様を描いてみたり、さまざまな姿をとって、一つとして同じものができません。その模様の妙を愛で、古くから「黒柿」の名前で工芸用の材料として利用されてきました。その歴史はたいへん古く、奈良・東大寺の正倉院にも、黒柿を用いた厨子や鞍などのさまざまな宝物が遺されています。柿の木は加工が難しく、非常に硬いわりにもろくて、すぐ折れたりしやすい欠点があります。また、その模様は黒ければ何でもよいというわけではなく、模様の入り方次第でその価値が激変します。美しい工芸材料になりうる黒柿は本当に貴重で、たいへん高価に取引されます。

また、その硬さを利用して、ゴルフのヘッドにも利用されました。ゴルフをされる方なら、パーシモンウッドという名前を聞かれたり触られたりした方もいらっしゃるでしょう。ただ、パーシモンウッドに利用される材は日本の柿ではなく、北アメリカにある「アメリカ柿」という日本の柿の親戚になる柿の木から取られています。

もう一つ、柿の根も古くから薬効が知られていました。柿を植えられたことがある方なら、まるで炭を塗りつけたような真っ黒な柿の根に驚かれたことがあるのではないでしょうか？ あるいは、あまりにまばらで頼りない姿に、不安に思われた方もおられるかもしれません。

柿の根はほかの植物のように微細な編み目状の毛細根を持っておらず、細くて表面が真っ黒の直根でできています。そのためか、移植が難しい植物として柿は知られていますが、『本草綱目』にはこの柿の根が「下血」に効能があることが記されています。

Part 4

干し柿

――カビを生やさず保存

1　干し柿の魅力

前述したように、干し柿は、渋抜きの手段のひとつであるとともに、柿の加工品であり、保存食のひとつでもあります。

果実を乾燥させるドライフルーツは、水気が多く長期保存ができない果実の弱点を強化して保存性を飛躍的に増し、甘味を増し、独特の食感や風味を醸し出す、代表的な果物の加工方法です。なかでも干し柿は、柿を加工するうえでもっとも一般的なもので、歴史的にも、奈良時代の正倉院文書に干し柿を売り買いした記録が残っているように、たいへん古くから利用されてきました。

干し柿の魅力は、まずなんといってもその濃厚な甘さと風味、そして独特の歯ごたえです。これには大きく分けて二つあります。一つは、水菓子のように軟らかく透明感のあるジューシーな干し柿の「あんぽ柿」、もう一つは、弾力ある歯ごたえが楽しめる「ころ柿」です。

写真 4—1　刀根早生を使った下市町の菊井果樹園のあんぽ柿

2　干し柿の種類と品種

あんぽ柿——堂上蜂屋、平核無、西条など

あんぽ柿は、果実の水分をおよそ半分くらい飛ばした水気が多い干し柿です（写真4―1）。その軟らかさは指でつまんでちぎれるほどで、とろけるようななめらかな舌触りが、まるで高級な和菓子のような繊細な味わいを生み出しています。

この独特の肉質は、あんぽ柿用の品種の果実が持つ特徴です。代表的な品種として、「堂上蜂屋」や「平核無」「刀根早生」「甲州百目」「三社」「西条」などがあり、どれも絶品の干し柿になります。特に平核無は、四角く平べったい形ですが、種子がないため、食べやすく歩留まりのよい干し柿ができます。

写真4―2　長野県飯田市の市田柿。ころ柿タイプ

ころ柿——市田柿、鶴の子、法蓮坊など

ころ柿は「枯露柿」「古老柿」などと書かれることがありますが、いずれもおよそ元の水分の七割くらいが飛んだ、より乾燥が進んで肉が締まった弾力のある干し柿です（写真4―2）。

ころ柿の表面にはよく白い粉状のものが覆い、この状態を「粉《こ》が吹《ふ》いた」ともいいますが、これは柿からにじみ出てきた果糖やブドウ糖が結晶したもので、特に「柿霜《しそう》」と呼ばれます。

どの柿もしっかり乾かせばたいていころ柿になりますが、味は品種によってかなり差があります。また、柿霜のできやすさにも大きな違いがあり、「市田柿」のようにたいへん出やすい品種と、なかなか出ないものがあります。「鶴の子」などでは、わざわざ粉を吹かせるために、

干したものを板の上でゴロゴロと転がし表面を傷つけてから藁でくるむなどの工夫がされます。大量生産用に、傷つけ専用の機械まで開発されています。品種としては、「市田柿」「鶴の子」「法蓮坊」「新平」などがありますが、なかでも長野県原産の「市田柿」はたいへんおいしい柿で、長野県では生産が奨励され、地元農協により地域ブランドにも認定されています。

3　カビを防ぐコツ

水分と糖分をさらす宿命

干し柿作りでだれもが困っているいちばんの課題は、できあがるまでにカビが生えたり、発酵して皮だけになったりヘタからぼたりと落ちたりして、食べられなくなることです。

なんといっても、干し柿というものは、保護作用のある表皮を剥いて、水分と糖分の多い果肉部分をさらしてしまうので、菌にはどうしても弱くなります。そこで、干し柿は晩秋から冬にかけて冷え込みが強く、空気の乾燥した風通しのよいところで作られますが、昨今の温暖化の影響もあってか、カビの問題は干し柿作りのプロでもその対策に苦慮するほど、大きな問題になっています（写真４―３）。

カビが生える前に乾かす

カビを避けるのにいちばん望ましいのは、カビが生えてくる前に、果実の乾燥を完了することです。

水気の多い状態で気温が高いと菌も活発に繁殖しますが、ある程度乾燥が進んでしまえば、菌は増えることができなくなります。最近は東北や北陸、信州など寒さの厳しい産地でも、乾燥の初めは専用の乾燥機を使ってカビが生えやすい状態をできるだけ早く終えるようにしている例もあります。

人為的に殺菌する

次に考えられる対策は、殺菌です。果実の殺菌方法には、古くから硫黄燻蒸《いおうくんじょう》という方法を用います。これは、皮を剥いた果実を密閉した容器や室内に納め、中で粉末の硫黄を燃やして、発生する亜硫酸ガスで殺菌するものです。亜硫酸ガスはほかにも果実の色を美しく保つ作用があり、柿以

写真 4—3　あんぽ柿の干し場

外のドライフルーツでもよく利用されます。食品表示ラベルに「二酸化硫黄」と表記されているのがそれです。このように比較的よく利用される手段ではありますが、亜硫酸ガスは喉などの粘膜を侵す毒ガスであり、最悪の場合は命にも関わる危険なものなので、実際に行なう際には確実に密閉できる容器などが必要で、燻蒸を終えた後の換気についても、誤ってガスを吸ってしまわないよう細心の注意が必要です。また、食品衛生法でもその残留基準が厳しく規定されており、最近は硫黄臭が消費者に嫌われる傾向もあるとのことで、できるだけ硫黄燻蒸を行なわずに干し柿作りをしよう、という動きもあります。

また、硫黄燻蒸は、燻蒸時間が長すぎたり、使う硫黄の量が多すぎたりすると、渋い干し柿ができてしまうことがあります。

硫黄燻蒸以外の殺菌方法としては、たとえば、干している間、果実に殺菌用の紫外線灯を当てたり、乾燥機の中に殺菌力の高いオゾンガスを流す例があります。これらは、うまくいけば的確に菌の繁殖を抑制できますが、装置の設備費や維持費が高くついたり、殺菌効果が不足する場合もあり、その実用化にはまだ多くの課題があります。

もう一つ、ビタミンCを用いる方法も開発されています。これは、皮を剥いた柿をビタミンCを溶かした液に浸けてから干すもので、硫黄燻蒸と同程度に色よく仕上がる技術とされます。

4 だれでも失敗しない干し柿の作り方

一般家庭で干し柿作りを楽しむなら、乾燥機はまず使えないし、硫黄燻蒸もビタミンCも、実際にやるのはいろいろと難しいと思います。そこで、できる範囲で菌の繁殖を抑える工夫を紹介しましょう。

▼皮剥きの当日と翌日は晴れの日を選ぶ

はじめに注意するのは、天気予報です。少なくとも、皮剥きする当日と翌日くらいは乾燥した晴天の日になる日取りを選ぶようにします。絶対に、翌日や翌々日の天気予報が雨、というような日に皮剥きをしないようにしてください。

▼作業場を掃除して道具を消毒

日取りが決まったら、皮剥きする場所をできるだけきれいに掃除して、なるべく清潔な環境を作るように心がけましょう。道具もしっかり洗浄して、アルコール度数の高い焼酎などでさらに殺菌しておくようにします。

なお、皮を剥くときの包丁やピーラーは、必ずステンレスかセラミックのものを用います。鉄製のものは、柿のタンニンと鉄が反応して色が黒くなってしまうので、使用してはいけません。

▼皮を剥いたら熱湯に通して殺菌

皮剥きが終わったら、果実を沸騰させたお湯にくぐらせます。これは、熱湯を扱う危険はありますが、特別な装置に頼らずともだれにでもでき、それなりに殺菌効果も期待できる手段です。

ポイントは、剥いた実を入れても湯の温度が下がらないように、大きめの容器で十分な量のお湯をしっかり沸かしておくことです。また、よく加熱したほうが殺菌もしっかりできるだろうと、実を入れたままいつまでもグツグツとやってはいけません。さっとお湯にくぐらせるだけで十分で、それ以上やると渋味が抜けないこともあるので要注意です。

なお、縄にいくつか付けて吊るして干す場合は、まず縄に剥いた実を付けてから、縄ごとお湯をくぐらせるとよいでしょう。

▼はじめから日陰でなく日なたで干す

熱湯をくぐらせたら、できるだけ早く干しましょう。基本的に色よく仕上げるためには、風通しのよい日陰で干すのがよいのですが、ここでは、失敗を避けるために最初の一～二日だけでもよく日に当てて、できるだけ早く表面の水分を飛ばしてしまうことを心がけましょう。

▼よくもんでしっかり干す

吊るして一〇～二〇日ぐらいして表面が乾いてきたら、中の水分が出てきやすいようにときどき果実をもみます。最初のうちは、芯に硬い部分があったり、それをつぶすのに強くもみすぎるとせっかく乾いた表面が割れて中の果肉が飛び出したりしますので力加減が難しいですが、乾燥が進むにつれて少しずつもみやすくなってくるので、焦らず力を入れすぎないよう注意して、徐々にもみほぐしていきます。ある程度全体をもみほぐしたら、形を整えていきます。干している果実の大きさやそのときの天候の加減にもよりますが、自然乾燥ならだいたい三〇～五〇日くらいで仕上がります。あんぽ柿で食べるのなら、果実の重さが干

図4—1　干し柿の作り方

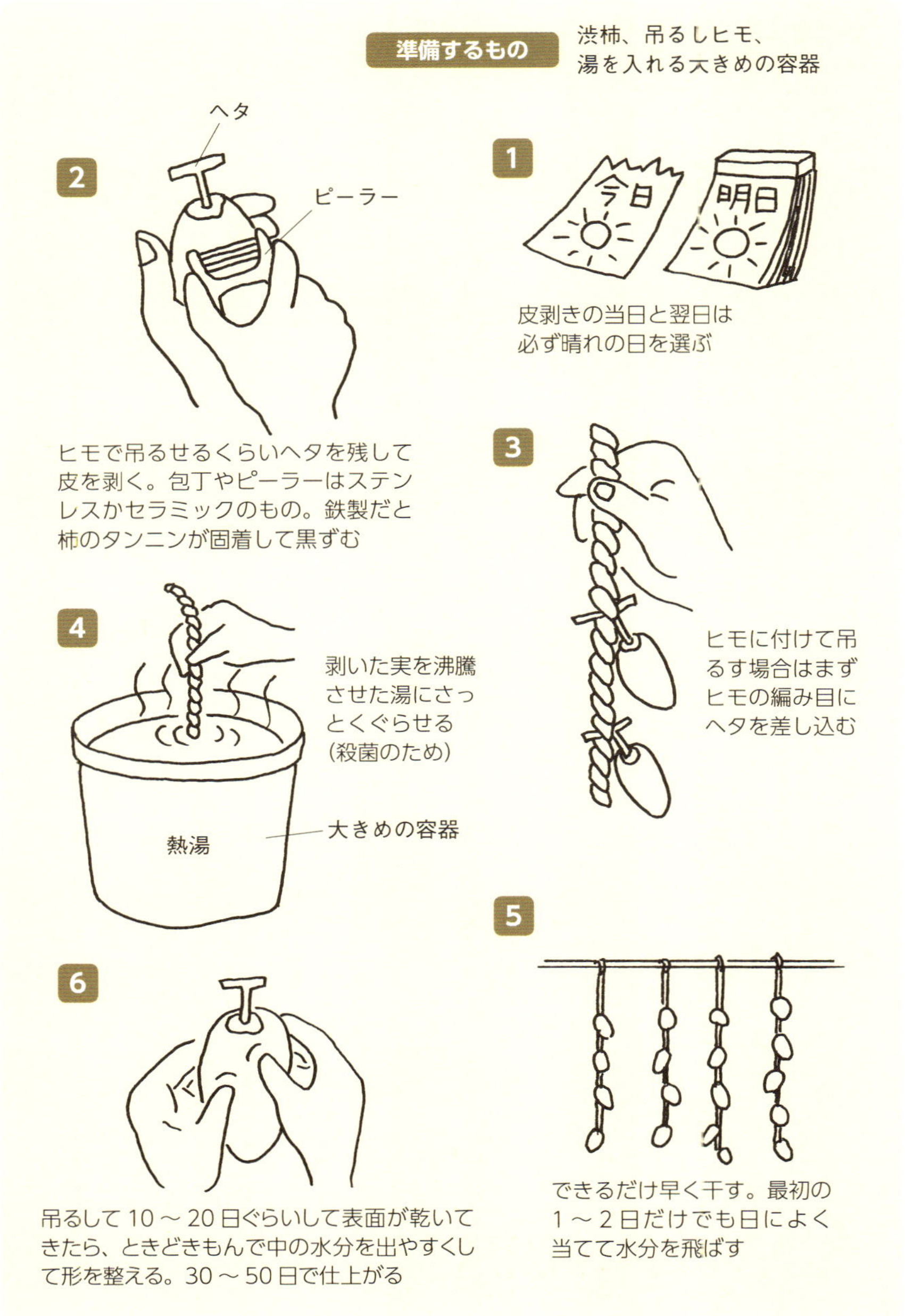
準備するもの
渋柿、吊るしヒモ、
湯を入れる大きめの容器
1
今日
明日
皮剥きの当日と翌日は
必ず晴れの日を選ぶ
2
ヘタ
ピーラー
ヒモで吊るせるくらいヘタを残して
皮を剥く。包丁やピーラーはステン
レスかセラミックのもの。鉄製だと
柿のタンニンが固着して黒ずむ
3
ヒモに付けて吊
るす場合はまず
ヒモの編み目に
ヘタを差し込む
4
剥いた実を沸騰
させた湯にさっ
とくぐらせる
（殺菌のため）
熱湯
大きめの容器
5
できるだけ早く干す。最初の
1～2日だけでも日によく
当てて水分を飛ばす
6
吊るして10～20日ぐらいして表面が乾いて
きたら、ときどきもんで中の水分を出やすくし
て形を整える。30～50日で仕上がる

す前の半分くらいになったとき、ころ柿なら三分の一程度になった頃が仕上がりの目安です。

できあがった干し柿を長期に保存する場合は、一個ずつラップに包んで冷凍しておくとよいでしょう。

ところで、ころ柿で粉を吹かせる場合は、柿霜ができやすい市田柿などの品種で作ることと、干し上げた柿がくっつき合わないように一個一個紙に包むなどしてから、乾燥しないようにビニール袋に入れて口を閉じ、冷蔵庫などに納めてしばらく置くと、自然に出てきます。

くわしいやり方は図4－1のとおり。

5 干し柿の加工

もともと干し柿は渋柿をおいしく食べるための技術として昔から作られているもので、仕上がりの肉質などをみても、渋柿のほうが向いており、甘柿ではおいしいものができないとされます。実際に生産販売されているのはいずれも渋柿を原料にしたものばかりですが、一部の業者では、あえて甘柿にこだわり、「富有」でおいしい干し柿を作っているところもあります。

さらに、干し柿を加工したお菓子も全国にさまざまなものが見られます。たとえば、岐阜県をはじめ、各地で生産されている「巻き柿」は、干し柿を切り開いてヘタや種子を取り除いて重ねあわせ、スノコなどでしっかり巻き締めて固めたもので、香りのアクセントに、よく柚子を入れることがあります。まるで羊羹のように軟らかく、柿の風味が濃厚な一品です。

また、切り開いた干し柿の中に栗きんとんを挟み込んだ「栗柿」や、一口サイズにカットしてチョコレートをコーティングしたお菓子、しっかり干し上げた干し柿をブランデーやラム酒などに漬け込みケーキの材料にしたもの、スライスしてチーズと合わせる食べ方など、干し柿を用いて工夫された和洋さまざまなスイーツや料理が知られています。

6 身体に効く干し柿

干し柿は、柿の持つ栄養や機能性成分が濃縮された食べものです。生の柿に多いとされるビタミンCは残念ながら残っていませんが、その代わりに抗酸化活性の高いカロチノイド色素やミネラルのカリウムは、生の柿の三倍以上に増加します。また、食物繊維は、一〇〇g中一四gと干し果物ではもっとも多く、すべての食品のなかでも最大級の含有量を誇ります。干し柿を一〇〇g食べれば、一日摂取量基準の七〜八割をまかなえる量です。

いっぽう、糖が濃縮される分カロリーは大幅に上がり、一〇〇gで二七六kcalと、生の果実のほぼ四〜五倍にアップしますので、食べ過ぎには注意が必要です。

干し柿の表面に浮き出る白い粉、「柿霜」も昔から体によいという話が伝わっています。この柿霜を文字どおりかき集めて固めたものを「柿霜餅《しそうべい》」と呼び、喉の痛みを癒やす効果があるとされています。いくら真っ白になる干し柿でも、集めてみるといくらにもならないわずかな量ですが、それを喉に利用できるほど集めるとはなんとも気の遠くなる話です。さぞ貴重な品だったのでしょう。

柿の葉

——見て、飲んで楽しむ

1 手の平ほどの大きな葉が色つややかに紅葉する

柿の魅力は果実に含まれる柿タンニンだけにとどまりません。柿の葉にも魅力がいっぱいです。

奈良県の柿産地、吉野地方の里山には、おもしろい特徴があります。山肌を眺めてみると、標高の高いところは、一年中あまり代わり映えのしない黒々とした緑の塊に覆われ、低いところは、羽衣をまとうようななめらかな肌合いで、それが季節とともに緑や橙へと色鮮やかに変化します。この黒々とした部分は天下に名高い「吉野杉」の樹林ですが、ではその下、標高にして一〇〇～四〇〇mほどのところに広がる柔らかな羽衣はというと、これがすべて柿の畑になります。

奈良県五條市西吉野町湯塩にある奈良県農業研究開発センター果樹薬草研究センターの駐車場から眺望する吉野の山並みは、俗に一望一千町歩といわれ、一六〇〇haに及ぶ吉野の柿産地の大半を視野に収めることができます。

春は新緑、夏は深緑（写真5―1）、秋は橙赤と色とりどりに変化するのは、柿の葉です。なかでも秋の柿の葉は、手の平ほどの大きな葉がカエデに負けないほど色つややかに紅葉し（写真5―2）、わが国や中国で、昔から愛されてきました。

写真5―1　夏の柿の葉は深緑色。手の平ほどの大きさ

写真5―2　秋の柿の葉。カエデに負けないほど色鮮やかに紅葉する

中国では、十二世紀に南宋で著された書物『爾雅翼《じがよく》』に、

柿に七つの優れたことがあるとして、「五に霜葉（紅葉）を鑑賞できること、七に落ち葉が大きいこと」というように、二つも葉に関して記録されています。また、七世紀～八世紀に唐で活躍した鄭虔《ていけん》という詩人は、紙の不足に悩んだ末、柿の葉を紙の代わりにして書を学んだとのことです。わが国でも、その紅葉のすばらしさが歌に詠まれたり、柿の葉に恋の歌を書き付けて川に流したりというような風流な遊びに使われるなど、柿の葉は雅な文化に重宝されました。その伝統からか、現代でも柿の葉は日本料理のツマとして、高値で取引されています。

もちろん柿の葉の魅力は、それだけではありません。柿の葉にはたいへん優れた栄養成分が含まれており、奈良県の郷土料理である柿の葉寿司や、健康飲料の柿の葉茶で、経験的に利用されてきました。

2　柿の葉の機能性成分

果実の二〇倍のビタミンCを含む

柿の葉の成分で特に多いのがビタミンCです。すでに紹介したとおり、柿は果実もビタミンCが多く、その含有量は果物のなかでもトップクラスですが、葉のビタミンCは、果実とは文字どおりケタ違いの驚くべき量を誇ります。ビタミンCの量は品種や時期によって大きく変化しますが、たとえば奈良県で調査したところ、「刀根早生」では、六月五日で生の葉一〇〇g当たり一四四六mg、八月九日には七八一mg、十月二十五日には一七六mgでした（図5—1）。

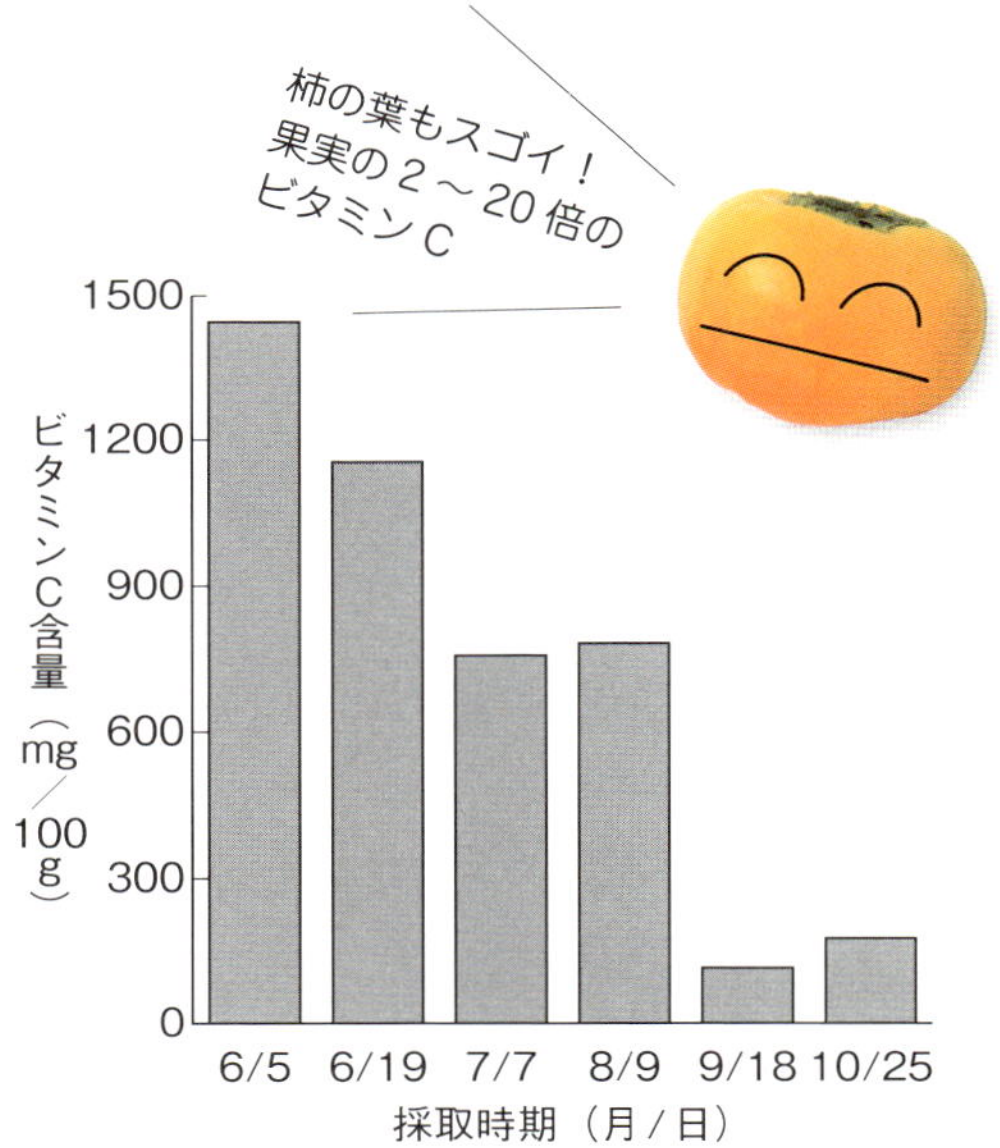

図5—1　時期別にみた柿の葉のビタミンC含量（1995 刀根早生）

少ない十月の葉でも、果実の二倍以上のビタミンCを含んでおり、もっとも多い六月初めの葉なら果実の二〇倍以上、ミカンに換算するとじつに五〇倍に相当するビタミンC濃度になります。どれだけ多いか、ご理解いただけたでしょうか？　これほど高濃度にビタミンCを含んでいると、味にも影響が出てきます。実際、六月初旬の葉を乾燥してかじってみますと、かなりしっかりした酸味を感じることができます。

ポリフェノールが多い

ビタミンCと並んで多い成分は、ポリフェノールです。果実の渋味成分の柿タンニンは、葉で生み出され、枝を通して果実に運ばれてたまっていきます。そのため、葉にはポリフェノールが大量に含まれています。

柿の葉のポリフェノールはさまざまな種類があり、葉の表面で抗菌性を発揮するものや、高血圧によいといわれている成分などがあります。なかでもアストラガリンという名前のポリフェノールは花粉症の症状の緩和に効果があるという研究事例があり、一時、これをねらった健康食品も販売されていたことがあります。

こうした葉の機能性は、柿の葉茶として愛飲されたり、古くから柿の葉寿司の包み葉として使われたりして、その抗菌作用が活用されてきました。

3　柿の葉茶の作り方

カフェインがないので安心

柿の葉茶は、柿の葉を乾燥して粉砕したもので、煎じるとまろやかでくせのないお茶を楽しむことができます。いわゆる緑茶や紅茶と違ってカフェインがありませんので、子どもやお年寄りにも安心して飲んでもらえるうえ、ビタミンCやポリフェノールが豊富な健康飲料として、根強い人気があります（写真5―3）。

柿の葉茶は、葉を乾燥させるだけでできるので、家庭でも比較的簡単にできます。

▼梅雨明け後の葉を使う

柿の葉茶は柿の葉を梅雨明け後の晴れが続くときに採取し、水洗いし、数日陰干しすればできあがりです。梅雨明け前の葉だと、量が取れないのと、酸味がきついので、梅雨明け後に取るのがポイントです。陰干しは、はじめから葉をハサミや包丁で細く切っておいてもよいですし、ある程度乾燥して柔らかくなってから切ってもよいでしょう（写真5－4～写真5－7）。

▼蒸すとビタミンCが壊れにくい

これだけでも柿の葉茶はできますが、もうひと手間加えて、乾かす前に蒸してみるのもよいでしょう。葉を蒸すことで独特の青臭みが和らぎ、乾燥中に壊れやすいビタミンCを保つこともできます。ビタミンCは葉の中の酵素によって減少していくので、この酵素を加熱によって失活させることでビタミンCが残りやすくなると考えられます。

写真5―3　ビタミンCがたっぷりの柿の葉茶

蒸す場合は、採取直後に蒸し器を用いて数十秒程度蒸気に当て（写真5－8）、直ちに陰干しにします（写真5－9、写真5－10）。乾燥日数は、三日から一週間です。少量でしたら、電子レンジを用いて蒸しと乾燥を一度にやってしまう方法もあります。その場合は、時間をかけ過ぎると発火する場合がありますので、なるべく短時間で終えられるよう、数十秒ずつ区切ってレンジにかけるなどしてやり過ぎに注意しましょう。

柿の葉のビタミンCは比較的安定していますが、それでも乾燥まで時間がかかったり熱を過度にかけると減少していきます。ビタミンCを期待されるなら、できるだけ乾燥時間は短いほうがよいです。

乾燥が終わったら、湿気を避けて密閉容器に収めます。通常は、紅茶のティーバッグ程度の量の葉にカップ一杯分の熱湯を注ぎ、一～二分でおいしく飲めます。さらに時間をかけて煎じると、より濃色の茶となり、深みのある味わいが楽しめます。湯の温度や煎じる時間で、濃度や味、香りはさまざまに変化するので、お好みのオリジナル柿の葉茶を探してみるのもおもしろいでしょう。

柿の葉茶作り

写真 5―4　柿の葉茶用に使うのは、梅雨明け後の晴れが続くときの柿の葉

1　洗う

写真 5―6　大量に使う場合は、洗濯ネットに入れて脱水機にかけるとよい。数日陰干しにする

写真 5―5　水洗いし、ペーパータオルなどで水気を取る

2　刻む

写真５—７　陰干しのとき、はじめから葉をハサミや包丁で細く切っておいてもよいし、ある程度乾燥して柔らかくなってから切ってもよい。幅１cmほどに刻む

3　蒸す

写真５—８　蒸し器を用いて数十秒程度蒸気に当てる。蒸しすぎると変色してしまうので注意する

4　陰干し

写真５—９　蒸し終えたら直ちに陰干しにする

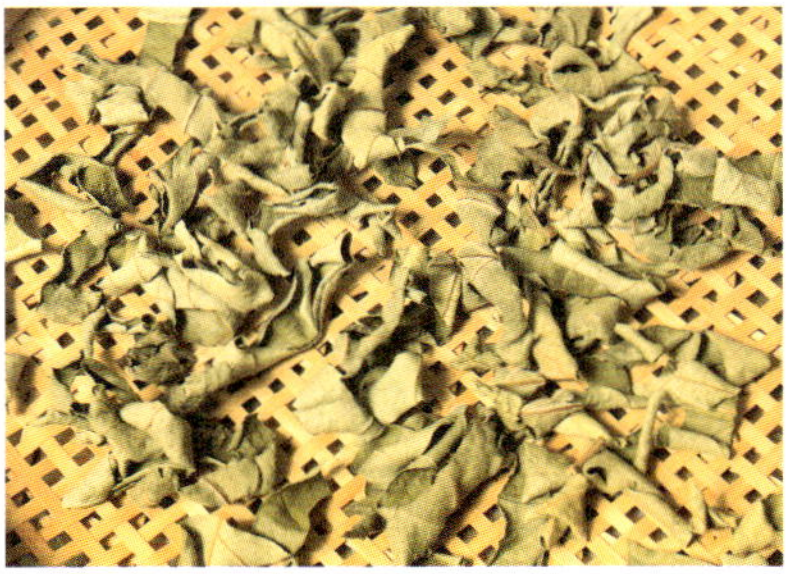

写真５—10　３日から１週間でできあがり

たとえば、私の場合は、魔法ビンに柿の葉を入れ、熱湯を注いで一時間くらいおいて濃く出して飲むのが好みです。麦茶のような透明感のある赤茶色の水色とより強い独特の香り、それにほのかな甘味が感じられるお茶が楽しめます。

4 柿の紅葉を長く楽しむ方法

ビタミンCと塩に漬けて冷蔵

さて、柿の葉の魅力のひとつである紅葉を、一年中楽しむことができたらどんなにすばらしいことでしょう。奈良県内では、紅葉を使った柿の葉寿司が贈り物としてとても人気があります。緑色の葉に、赤や黄色の葉が加わるととてもにぎやかになります（写真5－11）。

柿の紅葉の寿命は短く、土に落ちればひと晩で変色してしまいます。事前に採集して冷蔵庫に保管しても一週間ももちません。そもそも紅葉自体が、秋の終わり頃の本当に短い期間に色づいて、ひと霜当たるとたちまちに散ってしまうはかないものですから、なかなかその美しさを長く楽しみ、利用していくことはできませんでした。

そこで奈良県で開発されたのが、柿紅葉の超長期保存技術です。これは、ビタミンCと塩を溶かした保存液を調合し、紅葉した葉を漬けて冷蔵庫に保存するという至って簡単な方法です（写真5－12～写真5－15）。ビタミンCには赤色色素のアントシアニンの酸化分解を抑える作用があり、塩には退色させる酵素の働きを止める作用があると考えています。たったこれだけで最長で一年もの長い間、その美しい色を保ち続けることができます（写真5－16）。

紅葉柿の葉寿司が人気

柿の葉寿司は柿の葉を食べるわけではありませんが、柿の葉の主要な利用手段です。

柿の葉寿司は、奈良県、和歌山県、石川県の郷土料理で、和歌山県と奈良県では、大台ケ原を発して大阪湾に注ぐ紀の川（和歌山県側）・吉野川（奈良県側）沿いに伝わっています。もともとは田植え頃のごちそうで、今でも紀川・吉野川筋の家々にはそのための道具が大切に使われており、この時期になると地元の柿の葉を用いて柿の葉寿司を作ります。また、家に柿の木がない人のために、この時期の地元のスーパーには、柿の葉寿司用の柿の葉が並んでいたりもします。

柿の葉寿司は、現在では一口サイズの四角い立方体に整形した酢飯に、鯖や鮭の薄い切り身をのせ、柿の葉で隙間なく包んで作る押し寿司として提供されますが、そのような形になったのは、食酢が一般に普及した江戸時代以降の話です。それまでは、塩漬けにした鯖をご飯とともに漬け込んで、乳酸発酵させることで酸味を持たせた熟れ鮨の一種でした。奈良県では、寿司を柿の葉に包み、専用の寿司型の木箱にぎっちりと詰め込み、板でしっかり押して圧をかけてから、数日間軒下など温度変化の少ない場所に置いて熟成させたものを食べていました。熟れ鮨といっても、魚だけ食べる琵琶湖の鮒寿司などと異なり、魚とご飯を一緒に食べます。発酵の度合いが低く、独特の旨味が強く出て、固く締まったご飯とともに食べるそれは、なかなかの絶品だったそうです。

ところで、熟れ鮨の起源は稲の伝来とともにわが国に伝わったとされるたいへん古いもので、平安時代の書物『延喜式』には各地のさまざまな熟れ鮨が記載されています。それがいつ頃奈良の地で柿の葉と出会ったのかは不明ですが、一説によると南北朝時代、地元民が南朝の吉野皇居におられる皇族の方に献上したのがはじめという伝承があります。

写真 5―11　紅葉を使った柿の葉寿司。写真は奈良県内の業者の商品。11 月～ 12 月上旬限定で販売

鯖街道というと、福井県から京都まで、日本海で揚がる魚介類を送る若桜街道（現・国道367号線）が有名ですが、紀伊半島でも、熊野灘で揚がった鯖を送る南の鯖街道というべき道がありました。熊野街道などがそれにあたりますが、紀の川・吉野川筋では、そうしたごちそうの到来を心待ちにして、さらにおいしく食べるための工夫として柿の葉の利用を始めたのでしょう。

柿の葉の抗菌作用はポリフェノールの一種によるものであることが明らかになっていますが、昔の人々はいわゆる生活の知恵のなかで、それを体得して利用してきたのです（柿の葉寿司の作り方は56ページ）。

紅葉の長期保存方法

準備するもの

写真 5—12　紅葉した葉、ビタミンC（薬局で食品用を入手）、塩、ジッパー付き袋、保存容器。容器は、少量の場合はプラスチック容器、多い場合はフタ付きのポリバケツなどを用意する。ビニール袋だと、万一破れたりすると冷蔵庫の掃除がたいへん。ジッパー付き袋とプラスチック容器を併用すると安心

1　葉の採取・洗浄

写真 5—13　木からなるべく美しく紅葉した葉を採取する。地面に落ちた葉は、よほど新鮮なもの以外は保存しても長く保たないので使わない。採取した葉を軽く水洗いし、水気をよくぬぐう。大量にある場合は、洗濯ネットに入れて洗濯機の脱水モードで処理すると早く簡単に水気が取れる

2　保存液の調製

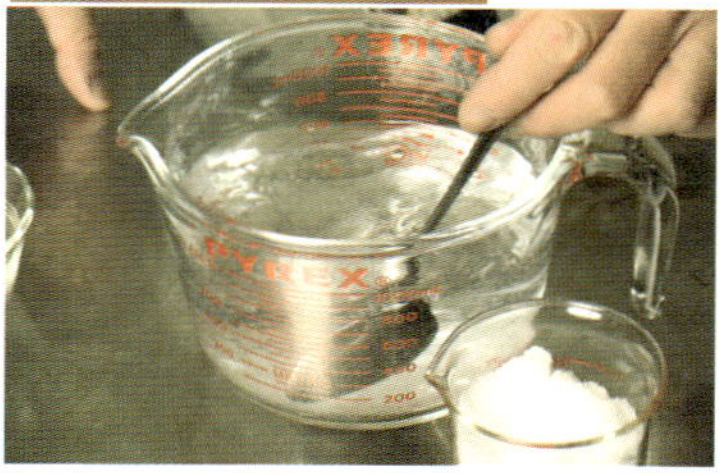

写真 5—14　水1ℓ当たり、ビタミンC 5g と食塩 200g を溶かす。大量の塩は溶けにくいので、まずビタミンCを溶かしたあと、塩を何回か小分けして少しずつ溶かすと早く溶ける

写真5―15　きれいに洗浄しよく乾かしておいた保存容器に葉を入れる。重なっても問題ないが、あまり無理やり詰め込まないように。葉を入れたら、上から保存液を注ぎ、葉が十分に液に浸るようにする。ジッパー付き袋に葉と保存液を入れると、少量の保存液で葉が液体に浸る。これを保存容器に入れると水漏れの心配もない。バケツの場合は、軽く重石をして葉が浮き上がらないようにするとよい。しっかりフタをして、冷蔵庫に入れる。温度は凍らない範囲でできるだけ低い温度が望ましい

3　保存

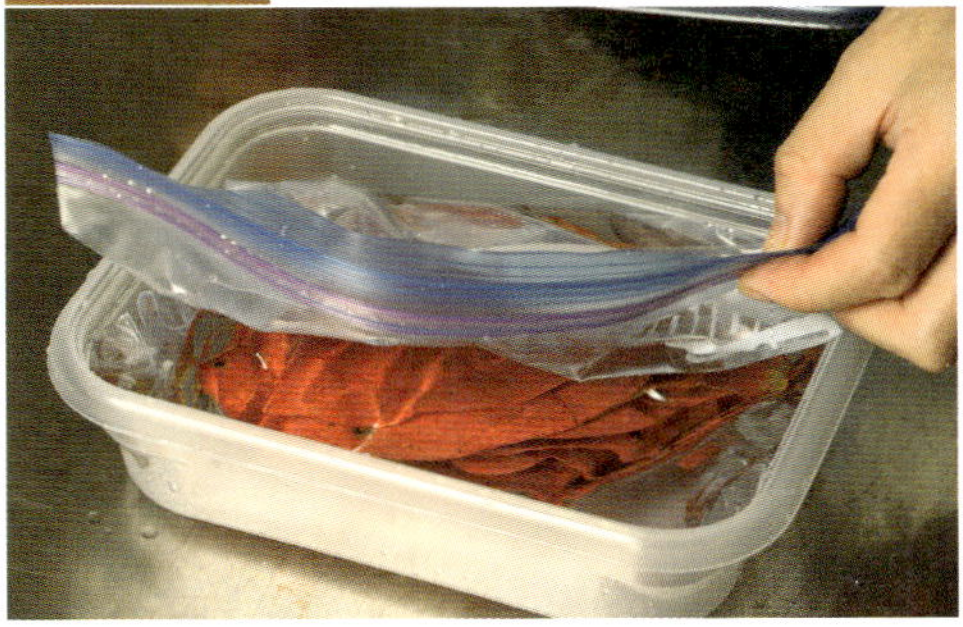

4　利用

写真5―16　葉を容器から取り出し、しばらく流水に浸けて塩出し後、水気をぬぐって使う。乾燥しないようにすれば、明るい室内で2週間程度は色や質感が保たれる。乾燥する場合は、霧吹きなどで水分を補ってやると、しばらくみずみずしさが保たれる。保存した葉は保存前より柔軟で破れやすくなっているので、使うときには注意が必要だが、折り紙などのクラフトに使える

新たな需要を生み出せるかも

現在、柿の紅葉の主な用途は料理のつまものですが、奈良県では、短冊やはがきとして利用されてきた歴史を紹介しつつ、柿の紅葉に願いごとや好きなことを書いて紙に貼ってもらうイベントを開催しました。これがたいへん好評で、畳三枚分の紙が瞬く間に紅葉で埋まりました。

このように、柿の紅葉は工夫次第でさらなる需要を生み出せると思います。また、最近、紅葉の美しい品種の葉はビタミンCやポリフェノール含量が多いという発表もあり、今後は色を楽しむ以外の用途も考えられそうです。みなさんもぜひ工夫してみてください。

柿の葉の紅葉のしくみと発色

柿やカエデがどうして紅葉するのか、そのメカニズムにはじつはまだ謎に包まれています。これまでには、秋になると葉の軸の付け根の部分、木の枝とつながっているところに離層という壁が作られ、葉の光合成でできた糖が木のほうに流れていかなくなって葉にたまり、それが原因で紅葉が始まるという「離層原因説」や、紅葉を起こす「クロモゲン」という物質があるのではないか、というような学説が提唱されました。このうち、「離層原因説」が紅葉のメカニズムの定説として広く知られてきましたが、最近の研究では、紅葉と離層は関係ないという説も出てきており、まだまだその謎が解けるまでには時間がかかりそうです。

ただはっきりしているのは、秋に気温が下がってくると、葉の緑色の色素、葉緑素（クロロフィル）が分解され、隠れているカロチノイドという黄色の色素が表に見えてくるのと、ほぼ同時に赤色の色素、アントシアニンが合成され、葉にたまってくるために、紅葉するということです。

アントシアニンはやや暗い赤色ですが、カロチノイドの明るい黄色と合わさることで、目が覚めるような鮮やかな色合いになります。最近、温暖化の影響などで紅葉が遅れたり色づきが悪いというような話をよく耳にしますが、これは、温暖化でアントシアニンの合成が遅れているだけでなく、葉緑素の分解も遅れ、赤い色に緑が混じって濁った暗い色になってしまうからです。つまり、紅葉には葉緑素の分解がいちばん大事だともいえます。

　奈良県では、柿の紅葉を美しく発色させるためにはどんな条件が必要なのかを調べました。それでわかったのは、いちばん大きい要因が、品種だということです。約一〇〇〇品種あるとされるわが国の柿ですが、比較的容易に美しく色づく品種もあれば、条件を整えないと色づかない品種、そして、条件をいくら整えてもいっこうに色づかない品種もあります。わざわざ紅葉の美しい品種が育種されるほど、紅葉は品種で変わるのです。市販されている紅葉品種は、「丹麗《たんれい》」「錦繍《きんしゅう》」「朱雀錦《すざくにしき》」です。丹麗はオレンジ系の明るい赤、錦繍、朱雀錦は濃く深い紅色が特徴で、どれも味わいのある美しい紅葉が見られます。また、「富有」は紅葉する条件が厳しく、奈良県のような産地でもなかなか美しい紅葉は見られないのですが、その代わりに紅葉したときはそれは見事に美しく山々を彩ります。

　次に重要なのが、葉の老化です。芽吹きからある程度の時間がたたないと、いくらほかの条件が整っても紅葉しません。カエデなどでは木の上のほうから色づきが始まりますが、柿の場合は、徒長枝などで枝の付け根のほうから順々に色づきが進むことがあります。このことからも、葉の老化が大きな意味を持っていることがわかります。

　三番目は肥料です。秋の早い段階で追肥をしたり、分解の遅い緩効性肥料を大量にやったりすると、チッソ分がいつまでも土に残ってしまいます。チッソは葉緑素の重要な要素ですので、結果として葉緑素の分解が遅れ、赤色に緑の混じる抜けの悪い色になってしまいます。

　また、光も重要です。カエデなどではいちばん外側のよく光の当たるところから色づきが始まりますが、葉が重なりあっただけで、陰になった下の葉が赤くならず、黄色に色が抜けたりします。いっぽう柿は、一見するとあまり光は関係ないようにみえるのですが、遺伝子を調べてみると、確かに光に反応していることが確認されました。

　気をつけないといけないのが秋の霜です。柿の葉は、霜が当たると緑のまま散ってしまう場合があります。霜が当たりやすい場所では美しい色づきは期待できないでしょう。

著者略歴

濱崎 貞弘（はまさき　さだひろ）

1964年生まれ。香川大学農学部卒。奈良県農業研究開発センター加工科に所属。柿タンニンの高速抽出技術や、柿紅葉の長期保存技術を開発し、2011年には柿タンニンの高速抽出法の研究で園芸学会の年間優秀論文賞を受賞。2013年には柿渋のシンポジウムを主催。ＮＨＫの情報番組「あさイチ」などに多数出演し、柿の魅力、特に柿タンニンのパワーをアピールしている

柿づくし
柿渋、干し柿、柿酢、柿ジャム、紅葉保存

2016年 7月10日　第 1 刷発行
2024年 9月20日　第11刷発行

著 者　濱崎 貞弘

発行所　一般社団法人　農山漁村文化協会
〒335-0022　埼玉県戸田市上戸田2-2-2
電話　048(233)9351(営業)　048(233)9355(編集)
FAX　048(299)2812　　振替　00120-3-144478
URL　https://www.ruralnet.or.jp/

ISBN 978-4-540-16117-9　DTP製作／㈱農文協プロダクション
〈検印廃止〉　印刷・製本／TOPPANクロレ㈱

© 濱崎貞弘 2016
Printed in Japan　定価はカバーに表示
乱丁・落丁本はお取り替えいたします。